그대로 따라 하면 완성! 블록코딩 AI 입문서
너도 한번 AI 만들어 볼래?

그대로 따라 하면 완성! 블록코딩 AI 입문서

너도 한번 AI 만들어 볼래?

펴낸날 2020년 6월 30일 1판 1쇄

지은이 강신조, 김진관, 김희철, 박정, 반창모,
안지혜, 이병훈, 이준기, 조민국, 주재희
펴낸이 김영선
교정 · 교열 이교숙, 남은영
경영지원 최은정
디자인 박유진, 현애정
마케팅 신용천

펴낸곳 (주)다빈치하우스-미디어숲
주소 경기도 고양시 일산서구 고양대로632번길 60, 207호
전화 (02) 323-7234
팩스 (02) 323-0253
홈페이지 www.mfbook.co.kr
이메일 dhhard@naver.com (원고투고)
출판등록번호 제 2-2767호

값 16,800원
ISBN 979-11-5874-077-1

이 도서의 국립중앙도서관 출판예정도서목록(CIP)은 서지정보유통지원시스템 홈페이지(http://seoji.nl.go.kr)와 국가자료
공동목록시스템(http://www.nl.go.kr/kolisnet)에서 이용하실 수 있습니다.(CIP제어번호: CIP2020022088)

그대로 따라 하면 완성!
블록코딩 AI 입문서

너도 한번 AI 만들어 볼래?

강신조 · 반창모 · 조민국
김진관 · 안지혜 · 주재희
김희철 · 이병훈
박 정 · 이준기

2020년부터 실시되는 AI 교육에 최적화한 안내서
인공지능 개념과 원리부터 블록코딩으로 실제 만들기까지

미디어숲

추천사

빅데이터의 세상으로 진입한 지금, 세계 각국의 정부와 기업에서는 빅데이터를 기반으로 한 인공지능 활용 산업을 선점하기 위한 경쟁이 치열하게 전개되고 있다. 이러한 국가들은 공공의 데이터를 효율적으로 개방하고 있으며, 금융·보건의료·제조산업·농업 등 다양한 산업 분야에서 빅데이터와 AI 기술을 접목하여 빠르게 기술의 변화에 대응하고 있다. 이 책은 이러한 빅데이터와 AI세상을 만나게 될 학생들에게 꼭 필요한 책이라고 생각한다. 또한 단순히 AI를 활용한 서비스를 활용하는 것이 아닌, 데이터를 수집하고 학습하도록 한 뒤 이를 활용하여 자신만의 프로그램을 만들어 내는 과정을 아주 심플하게 제시하고 있으며, 단순히 따라하기에 그치는 것이 아니라 오늘날 AI의 핵심인 머신러닝의 개념을 아주 쉽게 설명하고 있어 학생들이 그 원리를 쉽고 재미있게 익힐 수 있을 것이다. AI를 공부하고 싶은 초·중학생뿐만 아니라, AI를 처음 접하는 성인들에게도 많은 도움이 될 책이다.

충북대학교 경영정보학과, 조완섭 교수

21세기에 들어서면서 사회, 경제, 문화 및 과학 기술 등 전반적인 분야에 걸쳐 급격한 변화가 시작되었다. 그리고 그 변화의 주요 원인을 컴퓨터와 인터넷의 발달로 보는 이들이 많다. 컴퓨터를 통해 오랜 지식의 축적과 활용뿐만 아니라, 개인, 단체,

그리고 다양한 글로벌 커뮤니티와의 정보 공유가 가능해졌다. 우리는 축적된 양질의 데이터를 활용하여 보다 나은 미래를 설계하고 있다. AI는 이런 빅데이터를 좀 더 효과적으로 활용할 수 있게 해주고 있으며, 우리의 일상의 많은 곳에서 경험할 수 있고 더욱더 세상을 빠르게 변화시키고 있다. 이 책은 이렇게 빠르게 변화하는 사회와 기술에 맞추어 우리 아이들이 새로운 도구를 쉽게 배우고 또 활용할 수 있도록 구성된 AI입문 필독서라고 할 수 있다. AI의 기본은 정보 수집, 분석, 그리고 활용의 단계를 거쳐 정보 자동화를 하는 것이라 말할 수 있다. 이 책은 단순히 AI라는 도구를 쓰는 방법을 배우는 것에만 그치지 않고 그것을 이해하고 활용까지 할 수 있도록 폭넓게 알려주는 미래지향적 디지털 가이드북이다.

미국 인디애나 퍼듀대학교 산업디자인공학과, 김동진 교수

가까운 미래에는 누구나 인공지능을 이해하고, 사용할 수 있는 시대가 온다. 핀란드에서는 유럽의 전 국민을 위한 인공지능 교육을 지원하고, 중국에서는 초등학생부터 인공지능을 배우기 위한 교과서가 개발되어 학교 현장에 사용되고 있다. 우리나라도 초등학생부터 인공지능 교육을 하기 위한 준비를 하고 있다. 인공지능 기술을 전문가처럼 이해하기 위해서는 많은 시간과 노력이 필요하다. 하지만 인공지능 기술을 이해하고 활용하기 위해서는 적은 시간과 노력으로도 가능하다. 단, 새로운 기술에 도전할 수 있는 약간의 용기만 있으면 충분하다. 이 책은 "야, 너도 인공지능을 만들 수 있어!"라며 용기를 준다. 컴퓨터를 처음 접하는 학생들도 쉽게 따라할 수 있는 블록 코딩 환경인 머신러닝포키즈와 코그니메이츠를 이용하여 인공지능을 이해하고, 인공지능 기술을 활용하는 프로젝트를 만들 수 있게 해준다. 특히 초등학교 선생님과 SW교육 전문 선생님들이 만드신 책이라 쉽고 친절한 설명, 그리고 흥미로운

이야기까지 가득 담겨 있다.

고려대 정보창의교육연구소, 장윤재 교수

인공지능이 우리 인간의 일반적인 지능을 뛰어넘어서는 단계를 특이점이라고 한다. 구글은 이미 인간의 뇌에 컴퓨터의 칩을 연결하여 인간이 부족한 부분을 따라잡기 위한 뉴럴링크를 본격적으로 출시하겠다고 선언했다. 이러한 시점에 우리는 갑자기 뜻하지 않게 코로나19를 맞닥뜨리게 되었다. 전 세계가 비대면 시대에 진입하고 새로운 뉴노멀의 2.0 시대를 맞이하게 된 것이다. 우리는 예측하지 못한 일들이 일반적으로 일어나기 시작하는 블랙스완의 시대를 살고 있다. 이러한 때, 대전의 소프트웨어교육 전문가 선생님들께서 우리 학생들에게 필요한 미래핵심역량이 무엇이며, 어떤 교육이 필요한가에 대해 함께 고민하며 좋은 참고도서를 집필해 주셨다. 이 책은 블록코딩 인공지능을 이용하여 문제의 상황을 인식하고 그것을 개념화하여 문제를 해결하는 컴퓨팅사고를 기르는 완벽한 연습 도구를 제안한다. AI 코딩을 이용하여 다양한 분야의 미래 일자리를 창출해줄 수 있는 기본서가 나왔으니 이 분야에 관심을 갖고 있는 분들에게도, 또 이미 활동하고 있는 분들에게도 여러 가지 방면에서 많은 도움이 되리라 생각한다.

대전신일여고, 이수철 교사

이 책은 AI가 무엇이며, 어떻게 공부할 수 있는가를 누구나 손쉽게 접할 수 있도록 알기 쉽게 풀어서 AI에 대한 눈높이를 낮춰주고 자신 있게 참여할 수 있도록 도와주는 책이다. 어린아이부터 어른까지 누구나 AI를 사용해서 콘텐츠를 만들 수 있도록 안내하는 가이드북이라고 할 수 있다. 미래사회에서 살아남기 위해서는 AI를 활용할 줄 아는 것이 필수인데, 그 시작을 열어주는 책이기에 이 책을 통해서 많은 사람이 AI를 두려워하기보다는 재미있게 활용할 수 있는 사람이 늘어나기를 바란다. 실제 세 아이를 키우고 있는 아빠로서, 아이들에게 본 책을 주고 따라해 보도록 했더니, 재미있게 따라하며 AI의 기본원리를 익히는 것을 보면서 무척 흐뭇했다. 이렇게 훌륭한 책이 나왔음을 축하드린다.

미국 인디애나 퍼듀대학교 기계공학과, 전병국 교수

AI란 무엇인가? AI는 사람보다 똑똑해질 수 있을까? AI가 내 미래의 직업을 빼앗아가지는 않을까? 그럼 AI 시대에는 어떻게 공부를 해야 할까? 이 책은 인공지능이 우리 사회에 깊숙이 들어와 공부, 진로, 직업 등 여러 방면에 영향을 미치고 있는 지금, 어린 학생들이 꼭 알아야 할 지식과 기술을 소개하고 있다. AI는 이공계에서 컴퓨터를 전공한 사람들조차도 이해하기 어려운 분야지만, 이 책은 어린 학생들의 눈높이에 맞춰 기본 원리를 체계적으로 설명하고 있다. 인공지능 및 코딩과 관련한 특별한 사전 지식이 없이도 이 책에서 안내하고 있는 절차를 따라하다 보면 인공지능의 개념뿐 아니라 직접 인공지능을 이용한 음성 인식, 사진 인식 등을 직접 구현해 볼 수 있다. 또한 책에 수록된 다양한 프로젝트 예제들은 학생들이 스스로 재미있는 학습 주제를 찾아 응용할 수 있도록 제시되어 있기 때문에 프로그래밍에 관심을 가지고 있는 학생들에게 큰 도움이 될 것이다. 이 책은 대부분의 책들이 인공지능을 소프트웨어의 영역에서 다룬 것과 달리 교육과 로봇 업계에서 가장 많이 사용하고 있는 마이크로 컨트롤러인 아두이노를 이용해 로봇을 만들고 이 로봇을 인공지능 기술을 이용해 제어하는 방법까지 제공하고 있다.

미국 뉴욕공과대학 기술교육과, 성의석 교수

Z세대에게 있어서 컴퓨터를 다룰 줄 안다는 의미는 아마도 베이비부머, X세대, 밀레니얼 세대에게 영어, 오피스/엑셀 문서활용 능력이 많은 기회의 문을 열어준 것보다도 더 큰 advantage를 가져다 줄 수 있으리라고 생각한다. 이 책은 컴퓨터 기술 중에서도 가장 앞서 있으면서도 복잡한 기술 중의 하나인 인공지능(머신러닝, 딥러닝 등)의 개념을 매우 쉽게 설명해 주고 있을 뿐만 아니라, 스크래치, 아두이노, 블록코딩 등의 여러 툴을 이용하여 Learning by doing의 방식으로 입문자 및 학생들이 가장 쉽고 재미있게 인공지능의 과정(데이터 수집, 학습, 도출)을 체험해 보며 원리를 이해하고 실생활에서 활용하며 더 나아가 미래에 적용해볼 만한 아이디어를 생각해 내는 데 큰 도움이 되도록 구성되어 있다. 내가 어렸을 때 이런 책을 만났더라면, 지금 내 꿈을 이루기 위해 들인 많은 시간을 아낄 수 있었을 것이라는 생각을 해보았다.

실리콘밸리 Sendbird 개발팀, 김재연

우리는 현재 인공지능이 깊숙하게 들어선 시대에 살고 있다. 이러한 시대에서 우리 아이들은 자신을 키워 나아갈 수 있는 생각의 힘이 무엇보다 필요하다. 앞으로 다가올 미래에는 AI와 차별화된 인재가 각광받을 것이기 때문이다. 그 힘은 바로 계산적 사고 능력(Computational Thinking)이다. 이 책『너도 한번 AI 만들어 볼래?』는 미래를 압도할 생각의 힘을 키우는 마중물이 될 것이다. CT 능력을 길러줄 맞춤형 AI 입문서로 이 책을 적극 추천한다.

에듀클라우드, 조성훈 대표

머리말

우리는 AI를 얼마나 알고 있을까요?

우리는 현재 AI 기술의 급속한 발전으로 인해 많은 변화를 체감하고 있습니다. 2019년 7월에 방한했던 일본 소프트뱅크그룹 손정의 회장은 "첫째, 둘째, 셋째도 AI"라는 말을 남기며 화두를 던졌고, 이에 우리 정부는 2019년 10월 'IT 강국을 넘어 AI 강국으로'를 주제로 한 대통령의 기조연설을 통해 AI 정부로의 방향성을 천명하였습니다.

이에 발맞춰 2019년 12월 서울시교육청은 한국과학창의재단, 4차 산업혁명과 미래교육포럼과 공동으로 '2019 AI 융합교육 컨퍼런스'를 개최하였으며, 여기서 「인공지능 시대를 선도하는 인재 육성을 위한 교육계와 과학계 공동 선언문」을 채택하는 등의 발 빠른 행보를 보이고 있습니다. 교육부가 소프트웨어·AI 교육시수 확대 및 전문 교원 양성 등 AI 기술 역량 강화를 위해 많은 노력을 기울이고 있는 것은 물론입니다. 바야흐로 AI 인재 양성과 전 국민 AI 교육을 목표로 국가적인 역량을 집중하고 있다 해도 과언이 아니겠지요.

하지만 우리는 AI를 얼마나 알고 있을까요? 미래사회를 대비하기 위해 정부가 그린 밑그림과 교육정책을 지원하기 위해 학교와 교사는 어떤 역할을 할 수 있을까요? 특히 자신의 진로가 아직 분명하지 않은 초등학생, 중학생 그리고 이들의 학부모들이 AI를 보다 쉽게 이해하고 만들어보면서 직접 활용할 수 있도록 하기 위해 교사들은 어떤 도움을 줄 수 있을까요?

우리의 고민은 바로 여기에서 출발하게 되었습니다.

독자들에게 AI 기술 기반의 서비스를 소개하고, 이를 독자들로 하여금 단순히 활용해 보는 차원에서 머무르게 하는 것을 원치 않았습니다. 학생 스스로 직접 모델을 학습시켜 보면서 AI의 개념과 원리를 쉬우면서도 명확히 이해하고, 학습시킨 모델을 활용한 프로그래밍Programming을 통해 창의적인 결과Creative Products를 산출해낼 수 있는 다양한 플랫폼Platforms과 좋은 교육 사례Best Practices in Education를 안내하고 싶었습니다.

아이들이 만날 미래는 단지 AI 기술 기반의 서비스를 활용하는 것에 그치는 것이 아니라, 자신 스스로 AI를 모델링하고 이를 활용한 프로그래밍Programming을 통해 새로운 영감과 감추어진 인사이트Insights를 발견하는 시대라고 생각합니다.

모쪼록 이 책을 통해 AI 프로그래밍 교육이 산뜻하고 기분 좋은 첫걸음을 내딛기를 기원합니다.

저자 일동

책을 만든 사람들

강신조

초·중학교 정보·로봇영재 학생들과 함께하고 있는 대전교육정보원 영재교육원 파견교사입니다. 미래의 주인공인 우리 아이들을 위한 교육에 대해 끊임없이 고민하고 있습니다. 이를 공유하고자 SW교육 교원·학부모 연수, 메이커교육 교원 연수 등의 강의를 활발히 하고 있고, 원격교육방법에 대한 다양한 시도를 인정받아 이러닝 발전 유공 교원 사회부총리 겸 교육부장관 표창을 수여받았습니다. 현재 AI교육에 뜻을 같이하는 선생님들과 다양한 프로젝트를 진행 중입니다.

김진관

디지털 시대의 핵심적인 키워드로 AI가 자리매김해 가고 있습니다. 기술은 언제나 바뀌고 변화하고 있으며 새로운 것을 우리에게 요구합니다. '평생학습'의 중요성은 사람을 넘어 이제 기계에게도 요구되고 있습니다. 일선 현장에서 미래교육을 대비하고, AI 기술시대에 필요한 기술적 역량과 본질적 핵심역량을 학생들이 어떻게 기를 수 있을지 고민합니다. 사람을 더욱 사람답게 하는 AI 교육의 가능성을 엿보고 그것의 'Why, What, How'에 주목합니다.

김희철

학교와 영재교육원에서 SW를 가르치면서 학생들에게 단순 코딩 실력뿐만 아니라 컴퓨팅 사고력을 길러주기 위해 노력하고 있습니다. 이 책을 통해 AI를 이해하고 AI를 활용하여 세상의 다양한 문제를 해결 할 수 있는 인재가 되는 데 도움이 되었으면 좋겠습니다.

[대표저자] 박 정

데이터 기반 세상과 교육 데이터 사이언티스트를 꿈꾸며, IT에 대한 관심을 학생들과 함께 공유하는 교사입니다. 호기심에서 출발한 공학이 어느새 박사과정을 졸업하여 이제는 전공이 되었습니다. 지금까지 공부한 경험을 청주교육대학교에서 학부, 대학원 선생님들과 함께 나누고 있습니다.

반창모

교육용 APP 개발자이자 철학, 문학, 컴퓨팅을 사랑하는 14년차 교사입니다. 들뢰즈, 니체, 비트겐슈타인, 카프카, 카뮈, 헤밍웨이, 딥러닝, 애자일, 페퍼트, 튜링을 좋아하며, 이 키워드를 좋아하는 분과는 언제나 친구가 될 수 있습니다. SW교육 연구학교와 삼성전자 주니어 SW 아카데미를 운영한 경험이 있으며, 모든 학교에 상상력과 호기심이 넘치는 학생이 가득하기를 꿈꿉니다.

안지혜

시대에 상관없이 변하지 않는 가치에 대해, 그리고 시대에 따라 변화하는 교육 내용과 방법에 대해 고민하는 초등 교사입니다. 선생님들은 교육 현장에서 학생들과 현시대의 변화를 어떻게 풀어가야 하는지에 대한 고민이 있고, 그 고민은 다양한 교육적 방법으로 연결됩니다. 새롭지만 낯설지만은 않은 AI를 우리 모두의 AI교육으로 만들어가는 데 한 조각 보탬이 되고 싶습니다.

이병훈

무엇인가를 배운다는 것은 인간이 자랑하는 특별한 능력이지만 컴퓨터 역시 무서운 속도로 지식과 견문을 넓혀가는 능력을 기르고 있습니다. AI 관련 기술은 적용 가능한 부분부터 차근차근 도입이 될 것입니다. 기술이 일취월장으로 진화하고 있으니까요. 이렇게 빠르게 변화하는 사회 속에서 우리가 대응할 방안들에 대해서 뜻있는 선생님들과 연구하고 고민하고 있습니다.

이준기

현 대전교육정보원 SW교육지원체험센터 파견교사입니다. 급변하는 시대에 한 사람의 교육자로서 사랑하는 학생들에게 꼭 전해야 할 교육이 무엇일까를 깊이 고민하고, 그 답으로 SW와 AI교육을 생각합니다. 초등 SW교육 핵심교원 연수 강사, EBS 클립뱅크 스토리랩 집필 등에 참여하며 그 길을 걷습니다.

조민국

초등 SW교육 핵심교원 강사 및 몽골교원 초청 교육 정보화 연수 강사 등 다양한 연수를 통해 선생님들과 함께 SW 교육과 메이커 교육에 대해 이야기를 나눕니다. 대전교육정보원영재교육원 강사로 활동하며, 학교에서 한 사람의 교사로서 미래를 이끌어나갈 학생들을 가르칩니다.

주재희

어렸을 때 만났던 컴퓨터는 단순한 게임 도구였는데, 점점 컴퓨터를 통해 새로운 세계를 접하게 되면서 어느새 공주교육대학교 교육대학원에서 소프트웨어교육을 전공하게 되었습니다. 현재는 대전교육과학연구원 대전창의인성센터에서 여러 선생님과 학생들을 만나고 있으며, SW와 AI, 로봇이 우리 생활을 이롭게 할 것이라는 생각을 토대로 관련 교육 활동에 참여하고 있습니다.

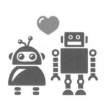

차례

코그니메이츠로 AI 만들어 볼래?

Chapter 3

엠블록으로 AI 만들어 볼래?

Chapter 4

Chapter 5

키튼블록으로 AI 만들어 볼래?

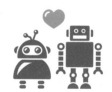

Chapter 6

AI 로봇 만들어 볼래?

TV나 뉴스에서 말로만 듣던 AI. AI는 과연 무엇일까요?
AI는 어떻게 사람처럼 학습할 수 있을까요?
AI의 기본 개념과 원리를 한번 알아봅시다.
Teachable Machine으로 과일 분류기를 직접 만들다 보면
나도 모르게 AI의 기본을 탄탄하게 다질 수 있을 거예요.

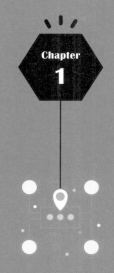

AI가
궁금해!

AI란 뭘까?

우리는 나날이 발전하는 IT 기술이 만들어내는 상품Goods과 서비스Service 바다에 살면서 그것이 주는 혜택을 누리며 생활하고 있습니다. IT 기술은 바로 몇 년 전만 하더라도 '스마트'라는 키워드로 사람들에게 이해되었지만, 최근에는 'AIArtificial Intelligence' 또는 '인공지능'이라는 키워드로 알려져 있습니다.

AI가 스스로 공부해서 인간을 뛰어넘는다는 이야기를 들어본 적이 있을 거예요. 이미 우리는 세계적인 바둑 천재가 AI와의 바둑 경기에서 진 것을 본 적이 있습니다. 어떻게 된 일일까요? 정말 기계(컴퓨터)가 스스로 공부해서 우리를 뛰어넘은 것일까요? 과연 그런 날이 바둑 말고도 다양한 영역에서 곧 우리에게 다가올까요?

이미 알파고라는 AI가 인간 챔피언을 무너뜨렸고, 가까운 일본에서는 AI 도로보군이 일본 최고 명문대학인 도쿄대학에 들어가기 위한 프로젝트가 진행되기도 했습니다.

과연 AI란 무엇일까요? 우리가 최근 이야기하는 AI는 인공지능 기술Technology이라고 말하는 것이 정확합니다. AI 기술을 이용해 상품이나 서비스를 만들어내고 그 결과를 우리가 사용하는 것이니까요.

그렇다면 AI는 어떻게 발전하여 우리 앞에 왔을까요?

인공지능 기술은 최근 들어 급격히 발전하기 시작했습니다. IT 기술이 발달하고 인터넷이 생활화되면서 사람들이 만들어내는 데이터Data의 종류가 다양Variety해졌습니다. 그 용량Volume 또한 과거와는 비교할 수 없을 만큼 커졌으며, 데이터의 생성

속도^{Velocity}까지 굉장히 빨라졌습니다. 즉, 빅데이터^{Big Data}의 세상이 온 것이지요.

또한 데이터를 보유하는 데 필요한 비용이 과거보다 상당히 줄어들었습니다. 비용의 절감은 곧 기술의 발전으로 인해 가능한 것이죠. 예를 들어 봅시다. 초창기 보급된 PC의 성능 대비 가격과 지금 일반적인 보급형 PC의 성능 대비 가격을 비교해 본다면 지금이 상당히 저렴한 금액이라고 생각할 수 있습니다. 물가상승분까지 고려하면 기술의 발전으로 인해 컴퓨터 관련 제품을 사는 비용이 많이 줄어든 것입니다.

이제는 사람들이 과거에는 가질 수 없었던 빅데이터를 저렴한 비용으로 손쉽게 가질 수 있게 된 것이죠. 여기에 확률과 통계에 기반을 둔 머신러닝^{Machine Learning}(기계학습)이라는 아이디어가 더해지게 되었습니다.

예를 들어보겠습니다. 우리는 보통 딸기라는 과일을 배울 때 '빨갛고 역삼각형 모양의 과일이며 사전적으로는 장미과 딸기속, 거문딸기속, 뱀딸기속 및 나무딸기속의 일부를 포함하는 식물을 통틀어 이르는 말'과 같은 식으로 읽고 배우지는 않습니다.

어린아이는 어떤 방식으로 딸기라는 과일을 배울까요? 대개는 부모님을 통해 딸기를 배웁니다. 딸기를 손에 들고 어린아이에게 '딸기'라고 말하고 보여 준 뒤 입에 넣어 줍니다. 그러면서 아이는 딸기를 자연스레 학습하게 되는 것이죠.

이러한 학습 과정을 거치면 아이는 딸기와 다른 과일(사과, 배 등)을 구분(분류^{Classification})할 수 있게 됩니다. 이와 같은 우리의 학습 과정을 그대로 기계(컴퓨터)에 적용한 것이 머신러닝입니다. 머신러닝은 AI를 만들기 위해 인간이 생각해 낸 훌륭한 방법 중 하나라는 사실을 잊지 마세요.

🔬 기계(컴퓨터)가 사람처럼 학습할 수 있다고?

방금 머신러닝은 사람의 학습 과정을 기계(컴퓨터)에 적용한 것이라고 했습니다. 기계(컴퓨터)가 어떻게 사람처럼 학습할 수 있을까요? 좀 더 자세히 살펴볼까요. 기계(컴퓨터)에게 "이게 딸기야."라고 알려주기 위해서는 라벨Label을 붙여 주어야 합니다. 이것은 우리가 일상에서 쉽게 볼 수 있는 라벨지의 라벨로 '레이블'이라고도 부릅니다. 우리가 딸기라고 부르는 과일에 딸기라는 라벨을 붙인 뒤, 딸기 사진을 기계(컴퓨터)에게 많이 보여 줍니다.

어린아이의 경우 딸기와 다른 과일을 구분할 수 있으려면 몇 개의 딸기를 보여 줘야 할까요? 아이들마다 다르겠지만 보통의 아이라면 단 몇 번의 학습만으로도 충분히 딸기를 분류할 수 있을 것입니다. 즉, 사람은 사고Thinking의 측면에서 응용력이 기계(컴퓨터)보다 뛰어나기 때문에 몇 번만 배워도 다른 사례에 적용할 수 있습니다.

반면, 기계(컴퓨터)는 사람이 갖고 있는 응용력이 부족합니다. 부족한 게 아니라 아예 없다고 보는 게 맞습니다. 그렇다면 기계(컴퓨터)에게 사람과 비슷한 수준의 학습 결과가 나오게 하려면 어떻게 해야 할까요?

다시 기계(컴퓨터)가 아닌 사람을 예로 들어볼까요. 우리가 시험에서 좋은 결과를 얻으려면, 즉 공부한 만큼 결과가 나오게 하려면 어떻게 하나요? 좋은 교재로 공부(학습)를 많이 하면 됩니다. 기계(컴퓨터) 또한 그렇습니다. 다시 설명하면 '딸기'라는 라벨을 가진 양질의 데이터를 많이 학습시키면 됩니다.

즉, 빅데이터를 가지고 기계(컴퓨터)를 학습시키면 사람의 학습 결과와 비슷한 결과를 기대할 수 있습니다. 다만 그 데이터의 양은 상대적이라 문제 상황에 따라서는 최소 몇만 개가 필요한 경우도 있습니다.

그렇다고 무턱대고 많이, 오랜 시간을 들여 많은 양의 데이터를 학습시키면 될까요? 이런 경우를 한번 생각해 봅시다. 참외 이미지에 딸기 라벨을 붙입니다. 그리고 이 데이터를 많이 학습시킬 경우 학습의 결과는 어떻게 될까요? 사람처럼 거짓이라고 금방 알아챌 수 있을까요? 그렇지 않습니다. 기계(컴퓨터)는 아마 참외같이 생긴 것을 딸기라고 학습했기에 참외가 딸기인 줄 압니다. 이는 데이터의 신뢰도가 얼마나 중요한지 알 수 있는 대목입니다.

머신러닝, 즉 기계(컴퓨터)가 학습하는 방법에는 크게 '지도학습Supervised Learning', '비지도학습Unsupervised Learning', '강화학습Reinforcement Learning'이 있습니다. 우리가 위에서 살펴보았던 라벨을 데이터에 붙여서 기계(컴퓨터)가 학습하게 하는 방법은 '지도학습'입니다. 말 그대로 사람이 데이터에 라벨을 붙인 뒤, 기계(컴퓨터)에게 이를 학습시키는 방법이죠. 기계(컴퓨터)는 사람이 라벨을 붙여준 데이터를 학습하게 되고, 이는 사람에게 지도를 받아Supervised 학습하는 것이 되기 때문에 지도학습이라는 명칭을 붙이게 되었습니다. 스팸메일을 알아서 분류해 주는 것이 지도학습의 대표적인 사례입니다.

'비지도학습'은 지도학습과는 달리 라벨이 없습니다. 라벨이 없다는 것은 기계(컴퓨터)가 사람으로부터 지도를 받지 않기 때문에 비지도학습이라는 명칭을 붙이게 되었습니다. 이러한 비지도학습은 라벨이 없으므로 이게 '무엇이다'라고 분류할 수는 없지만, 데이터를 비슷한 특징을 가진 것들로 군집화Clustering 할 수 있습니다. 즉, 데이터 자체의 특징에 따라 규칙과 패턴을 추출하는 학습 방법입니다.

마지막으로 '강화학습'은 특정 상태에서 취할 수 있는 다양한 행동을 평가한 후, 더 좋은 행동을 기계(컴퓨터)가 스스로 학습해가는 방법을 의미합니다. 알파고로 인하여 화제가 되었던 바둑, 장기 등의 게임이나 로봇 동작 제어 분야에서 높은 성능을 발휘하고 있습니다. 강화학습은 지도학습처럼 라벨(정답)을 제공하진 않지만, 선택할 수 있는 행동의 목록과 선택한 행동이 바람직한지 아닌지를 판단하는 기준은 사람이 직접 제공합니다. 그러면 기계(컴퓨터)는 지정된 범위 내에서 시행착오를 통해 학습해 나가게 됩니다. 그래서 바둑과 장기처럼 규칙이 정해져 있고 평가 기준을 제공할 수 있는 문제에는 적합하지만, 규칙을 정할 수 없는 복잡한 현실 문제를 처리하기에는 한계가 있습니다.

자, 이제 AI가 학습하는 방법인 머신러닝에 대해 어느 정도 이해가 됐을 것이라고 생각합니다. 지금은 그것만으로도 충분합니다.

이제부터 우리는 구글^{Google}에서 만든 '티처블 머신^{Teachable Machine}'이라는 웹사이트 도구^{Tool}를 통해 어떻게 기계(컴퓨터)가 학습하는지 살펴볼 예정입니다. 여러분도 책을 보면서 차근차근 따라하면, AI가 어떻게 학습하고 어떤 과정을 거쳐 학습모델을 만드는지를 쉽게 이해할 수 있을 것입니다.

 ## 야, 너도 AI 만들 수 있어!

 ### 준비하기

티처블 머신이란?

티처블 머신은 머신러닝 모델을 빠르고 쉽게 만들 수 있도록 제작한 웹 기반 도구입니다. 2019년 11월 구글에서 출시해 일반인들에게 무료로 제공되고 있습니다. 구글에서는 여섯 살 아이에게 티처블 머신을 활용한 AI의 원리와 개념을 학습시킨 사례를 홍보할 정도로, 티처블 머신은 직관적이며 다루기 쉽습니다.

티처블 머신은 어떻게 학습할까?

티처블 머신은 다음과 같이 크게 3단계로 구분할 수 있습니다.

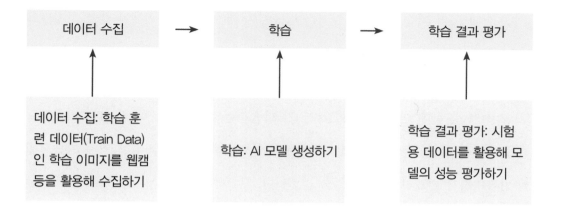

첫 번째 단계는 기계에 학습시킬 데이터를 수집하는 단계입니다. 데이터 유형에 따라 수집하는 방법이 달라지지만 본 장에서는 웹캠을 통해 이미지 데이터를 수집하는 방식을 활용하겠습니다.

두 번째 단계는 구글이 설계한 학습 알고리즘을 이용하여 AI 모델을 학습하는 단계예요. 일반적으로 이 단계에서 말하는 학습을 AI 분야에서는 'Training'이라고 부릅니다. 이것을 우리말로 번역할 때 책에 따라 훈련 또는 학습 등의 용어로 표현해요. 이 단계는 기계(컴퓨터)에 우리가 수집한 데이터를 활용해 '학습을 시킨다' 또는 '훈련을 시킨다'는 뜻으로 이해하면 충분합니다.

세 번째 단계는 학습이 완료된 AI 모델이 잘 학습이 되었는지를 평가하는 단계예요. 학습한 기계의 성능이 얼마나 좋은지를 평가한다는 의미에서 성능 평가가 이루어지는 단계라 볼 수 있습니다.

위 세 단계 과정을 거쳐 완성된 모델을 바탕으로 조금의 프로그래밍만 더하면 누구나 이용할 수 있는 실용적인 AI 서비스 제작을 할 수 있습니다. 하지만 본 장에서는 AI에 대한 이해를 높이기 위해 AI 서비스 제작보다는 머신러닝(기계학습) 과정(데이터 수집→학습→학습 결과 평가)에 대해서만 자세히 이야기해 보겠습니다.

티처블 머신의 원리가 궁금해?

티처블 머신은 내부적으로 전이학습Transfer Learning 기술을 사용하는 것으로 알려져 있습니다.

> **tip** 전이학습이란 학습 데이터가 부족한 경우, 풍부한 양의 데이터로 만든 AI를 가져와서 학습에 활용하는 머신러닝 방법입니다.

머신러닝 모델을 생성할 때, 모델의 성능에 영향을 주는 큰 요소가 바로 학습 훈련 데이터의 양과 질입니다. 오류가 없는 풍부한 양의 데이터로 학습한 모델은 훌륭한 성능을 보여 줄 수 있습니다. 기계(컴퓨터)에게 참외를 학습시킬 때 딸기 라벨이 붙여진 데이터를 제공하면 안되겠죠. 여기서 우리는 '아! 정확하고 오류 없는 좋은 데이터를 사용해야 하는구나.'라고 이해하면 좋겠습니다.

하지만 모든 분야에서 학습 훈련 데이터의 양이 풍부하지는 않습니다. 따라서 학습 훈련 데이터의 부족은 곧 훌륭하지 못한 성능을 지닌 모델의 생성으로 이어질 수밖에 없습니다. 응용력이 부족한 기계(컴퓨터)는 데이터의 양이 충분하지 않으면 정확한 결과를 도출할 수 없습니다. 이러한 제약을 극복하기 위해 학습하는 방법 자체에 관한 연구, 즉 메타 학습Meta learning에 관한 연구(어떻게 해야 학습이 잘 될까? 하는 물음에 답을 찾는 연구)도 활발히 이뤄지고 있습니다.

학습에 사용할 만한 양질의 데이터가 충분히 확보되지 않으면 다른 분야의 풍부한 데이터를 바탕으로 한 새로운 방법을 생각해 볼 수도 있습니다. 이렇게 함으로써 비교적 짧은 시간과 적은 데이터로도 훌륭한 성능을 갖는 모델을 만들어 낼 수 있고, 이를 통해 실생활의 문제를 해결하는 데 활용할 수 있죠. 시간과 데이터의 부족을 보완하는 학습 기법이 바로 전이학습입니다.

✔ 프로젝트: 과일 분류기 만들기

이제 티처블 머신을 어느 정도 이해했을 텐데 실습을 한번 해볼까요. 여기서는 사과와 딸기를 분류하는 AI를 만들어 볼게요.

학습 데이터 수집하기

1. https://teachablemachine.withgoogle.com으로 접속합니다.

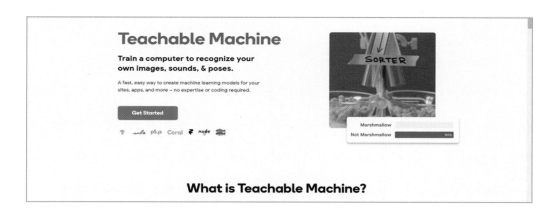

2. 첫 화면에서 티처블 머신 서비스에 대해 간략히 설명하고 사용 방법을 알려 줍니다.

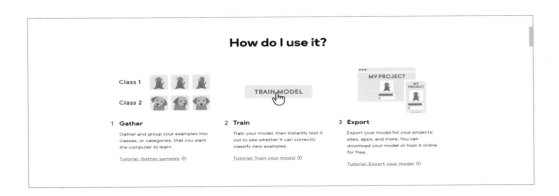

3. 티처블 머신 서비스에서는 이미지, 소리, 동작 등 3가지를 통해 머신러닝을 수행할 수 있습니다.

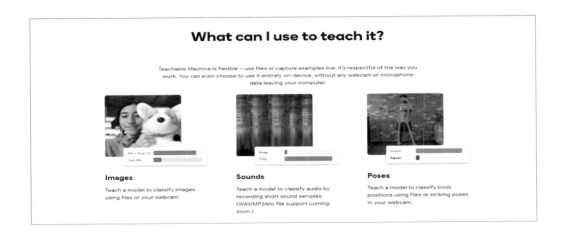

우리는 이미지 인식 기능을 통해 사과와 딸기를 분류하는 AI 모델을 만들어 보겠습니다.

4. 먼저, 첫 화면의 'Get Started' 버튼을 클릭합니다.

5. 우리는 이미지 인식 기능의 AI 모델을 생성할 것이므로 'Image Project'를 클릭합니다.

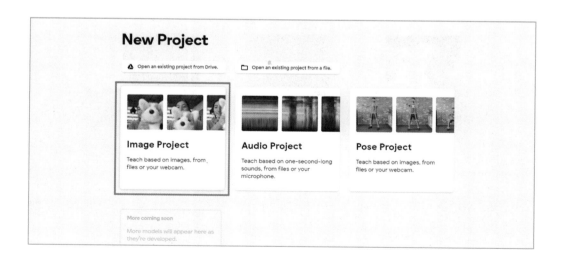

6. 각각의 Class는 라벨Label이며, 각각의 Class에 해당하는 이미지 데이터를 넣어 줄 것입니다. 먼저, Class 1에 'Apple'을 입력하고, 웹캠 버튼을 누릅니다. 이때 카메라 사용 권한을 허용해 주는 걸 잊지 마세요!

> **tip**
> 티처블 머신을 사용하기에 앞서 한 가지 생각해야 할 점은 노트북에 있는 카메라(웹캠)를 활용해야 한다는 것입니다. 최근 출시된 노트북에는 기본적으로 카메라가 내장되어 있으므로 노트북을 활용해 티처블 머신 서비스를 이용하는 것을 권장합니다. 데스크톱(Desktop)을 사용하여 서비스를 이용하려면 별도의 웹캠을 설치해야 한다는 것을 알아두세요!

7. 사과를 웹캠 화면에 비추고, 'Hold to record'를 꾹 누르고 있으면 계속 물체의 이미지가 저장됩니다. 이때 최소 200장 이상의 사과 이미지의 데이터를 수집할 것을 권합니다.

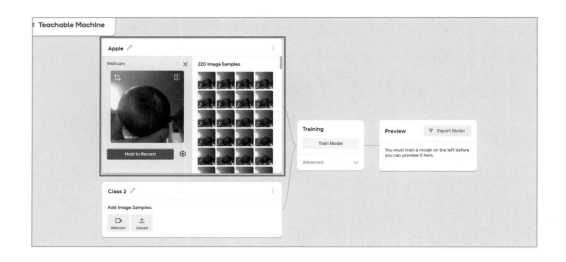

8. Class 2에 'Strawberry'를 입력하고, 웹캠 버튼을 누릅니다. 딸기를 웹캠 화면에 비추고, 'Hold to record'를 꾹 눌러 딸기 이미지를 많이 찍을수록 정확도가 높아지기 때문에 최소 200장 이상 수집합니다.

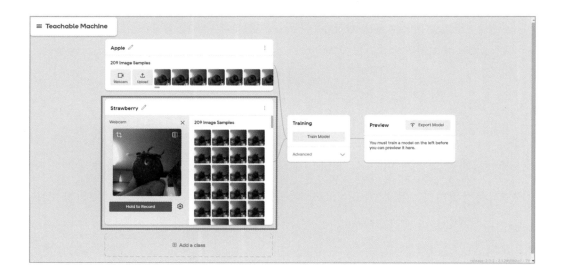

자, 이제 데이터 수집 단계를 마쳤습니다. 그럼 다음 단계로 가 볼까요?

모델 학습하기

1. 'Training'으로 넘어가 'Train Model' 버튼을 눌러 우리가 수집한 사과와 딸기 이미지 데이터(학습 훈련 데이터)로 학습을 시킵니다. 학습의 결과로 AI 모델이 생성됩니다.

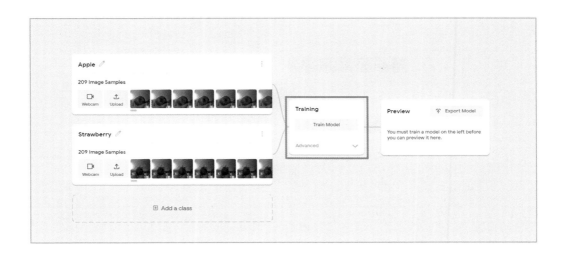

이후 'Model Trained'라는 용어가 보이면 우리의 모델이 정상적으로 잘 생성된 것입니다. 그러면 다음 단계로 가 보죠.

학습 결과 평가하기(성능 평가)

1. 이제는 생성된 모델이 잘 작동하는지를 확인하기 위해 모델의 성능을 평가할 차례입니다. 이때, 학습 훈련 데이터로 사용한 사과, 딸기와는 다른 새로운 사과, 딸기를 사용해야 합니다.

모델의 성능을 평가하기 위해 사용되는 데이터를 시험용 데이터라고 하는데, 학습하는 데 사용하지 않은 데이터를 시험용 데이터로 사용해야만 AI 모델의 성능을 정확히 평가할 수 있습니다. 그럼 'Preview'에 보이는 웹캠에 사과와 귤을 비추어 이 두 가지를 잘 분류해 내는지 확인해 볼까요?

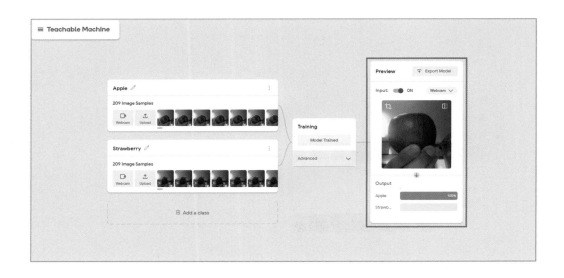

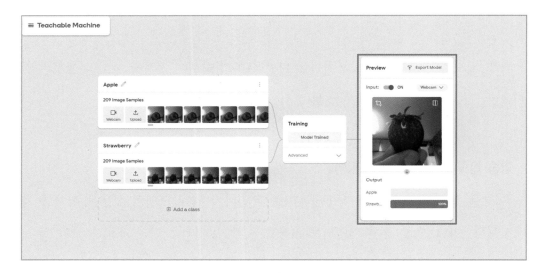

2. 사과와 딸기 모두 정확히 잘 분류해 내는 것을 확인했습니다. 모델의 성능이 훌륭합니다!

3. 실제 사과와 딸기뿐 아니라, 사과와 딸기 사진 파일을 업로드하여 구분하게 할 수도 있습니다. 웹캠을 파일로 바꾸고 딸기 이미지를 업로드합니다.

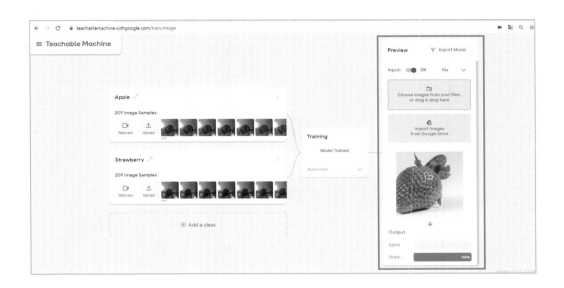

4. 업로드한 이미지가 딸기일 확률이 100%임을 나타냅니다. 모델의 성능이 훌륭하다는 것을 다시 한번 확인하였습니다.

우리는 티처블 머신을 활용하여 과일을 분류하는 AI 모델을 만들어 보았습니다. 생성한 AI 모델을 활용하여 실생활의 문제를 해결할 수 있는 서비스를 만들어 볼 수도 있습니다.

다음 장에서는 블록 코딩^{Block Coding}과 AI 모델을 활용하여 다양한 프로그래밍을

39

경험할 거예요. 그 과정에서 어려운 부분이 있다면 지금 읽고 있는 장으로 돌아와 한 번 더 전체적인 맥락을 살펴보면 해당 부분을 이해하는 데 훨씬 도움이 될 것입니다.

> **tip** 이 책에 나오는 여러 인공지능 교육용 도구를 활용하는 과정은 데이터 수집 → 학습(훈련) → 평가 → 만들기의 순으로 이해하면 좋습니다.

AI 진화의 역사:
엘리자부터 도로보 군의 도쿄대학 입학 도전에 이르기까지

AI는 최근에서야 생겨났다고 생각하는 사람들이 많지만, 사실 AI의 역사는 꽤나 깁니다. 지금 우리가 마주하는 AI는 3번째 버전의 AI랍니다. '그럼 1번째, 2번째 버전의 AI는 언제 있었지?'라고 물을 수도 있습니다. 1번째, 2번째 버전의 AI는 지금처럼 우리 일상생활에 도움이 되거나 혁신을 불러일으킬 정도의 성능을 갖추지 못했기 때문에 우리에게 알려지지 않았을 뿐입니다.

1번째 버전의 AI '대화형 컴퓨터'

1966년 '엘리자ELIZA'는 1번째 버전의 AI였습니다. 미국 매사추세츠공과대학교MIT 컴퓨터공학과 교수 요제프 바이첸바움Joseph Weizenbaum이 탄생시킨, 최초의 대화형 컴퓨터 프로그램입니다. 쉽게 말해, 엘리자는 음성이 아닌 문자로 대화할 수 있는 컴퓨터로 이해하면 쉽습니다. 요즘 널리 쓰이고 있는 챗봇(Chatbot)의 시초였던 셈이죠. 주로 질문에 답변하는 정신치료사 역할을 하도록 설계되었습니다. 하지만 엘리자는 실제로 대화의 내용을 이해하고 대답하는 프로그램이 아니었기 때문에 AI라 불리기에는 부족한 면이 많았습니다.

또 대화형 컴퓨터를 말할 때 빼놓을 수 없는 것이 튜링 테스트Turing test입니다. 튜링 테스트는 심판의 역할을 하는 사람이 대화 상대를 보지 않은 채로 이야기를 나눈 뒤, 상대방이 AI였는지, 사람이었는지 알아맞히는 테스트입니다. 이때 AI를 사람이라고 판단할 경우 튜링테스트를 통과하는 AI라고 말할 수 있죠. 최근까지 이 튜링 테스트를 통과한 컴퓨터는 없었지만, 2014년에 처음으로 '유진 구스트만'이 이 튜링 테스트를 통과했답니다.

2번째 버전의 AI '전문가 시스템Expert system'

1980년 2번째 버전의 AI는 전문가 시스템의 도입으로 시작되었습니다. 전문가 시스템은 특정한 분야에서 특정 기능만을 수행하는 시스템입니다. 즉, 실제 사람과 같은 지능을 가지고 모든 것을 판단하는 AI가 아니라, 목적에 따라서 일부 기능만을 수행하는 좁은 범위의 AI였습니다.

전문가 시스템은 말 그대로 매우 특정하고 제한된 상황에서만 작동할 수 있도록 설계되어 있습니다. 즉, 사람처럼 유연하게 대응하거나 예측할 수 없었기 때문에 일반 사람들에게 강렬한 인상을 주지는 못하였습니다. 1번째 버전의 AI처럼 2번째 버전의 AI도 AI라 불릴만한 성능을 가지지 못한 것이죠. 하지만 전문가 시스템은 현재 우리 실생활에서도 유용하게 쓰이고 있는 AI 기술입니다. 엑스레이를 보고 특정 병명을 진단해 내거나 자연스러운 대화로 호텔 예약을 도와주는 등 여러 분야에서 널리 쓰이고 있답니다.

3번째 버전의 AI '머신러닝과 딥러닝'

현재 AI는 머신러닝이라는 기술이 등장하면서 실질적으로 사람들에게 도움이 되는 수준으로 도약했습니다. 머신러닝이란, 컴퓨터가 데이터에서 패턴과 규칙을 스스로 찾아내는 기술이라 생각할 수 있습니다.

이 기술을 바탕으로 2번째 버전의 AI인 전문가 시스템에서도 문제점으로 남았던 유연한 대응이 상대적으로 가능해졌습니다. 2번째 버전의 AI인 전문가 시스템에서는 사람이 정해 주거나 부여한 규칙을 바탕으로 추론하였지만, 규칙에 부합하지 않는 미지의 데이터가 입력되면 대응하지 못했습니다. 그러나 머신러닝 기술을 통해 컴퓨터가 규칙에 부합하지 않는 미지의 데이터를 판단하고 이에 대응할 수 있게 되었습니다.

여기에 머신러닝의 한 분야인 딥러닝이 괄목할만한 성능의 개선을 이루어내면서 AI는 다시 한번 도약했습니다. 머신러닝에서는 연구자가 컴퓨터의 학습에 교사 역할을 담당하며, 교사인 연구자가 정성스럽게 데이터를 손질하여 컴퓨터에 제공하는 것이 중요합니다. 이러한 과정을 연구하는 학문을 Feature Engineering이라 하며 머신러닝 분야에서는 이 부분을 매우 중요하게 다루고 있습니다. 그러나 딥러닝에서 연구자는 손질하지 않은 상태의 데이터를 그대로 컴퓨터에게 제공합니다.

컴퓨터가 학습을 스스로 판단하고 진행하면서 앞으로의 상황을 예측하게 된 것입니다. 그런데도 학습한 결과의 성능이 기존의 머신러닝보다 높아지게 되었습니다. 이러한 장점을 바탕으로 딥러닝은 사회 각 분야에서 다양하게 활용되고 있습니다. 하지만 완벽해 보였던 딥러닝도 한 가지 문제점이 있었습니다. 바로 컴퓨터가 어떠한 알고리즘으로 분류하고 예측하는지 사람들이 분석할 수 없다는 것입니다. 이로 인해 '설명 가능한 인공지능Explainable AI: XAI'에 대한 사회적·기술적 요구가 커지고 있습니다.

AI 도로보 군의 도쿄대학 입학 도전

이웃 나라 일본에서는 2011년 '로봇이 도쿄대학에 들어갈 수 있는가?'라는 AI 프로젝트를 시작했습니다. 이 프로젝트의 결과는 어떻게 되었을까요? AI 도로보 군은 프로젝트의 목표였던 도쿄대학 입학을 달성하지는 못했지만, 일본의 대학입학자선발 대학입시센터시험에서 상위 20%의 성적을 거두었습니다. 우리나라로 치면 서울 주요 대학에 입학할 정도의 성적이었으며, 이로 인해 많은 사람들의 관심과 이목을 끌었습니다.

그런데 'AI의 실력이 이 정도까지 다다랐구나. 대단해!'라는 수준에서 생각을 멈추지는 않았나요? 그래서는 안 됩니다. AI가 명문대에 합격할 정도의 실력을 갖추었다는 말은 앞으로 AI의 등장으로 일자리를 잃는 사람이 생겨난다는 뜻이고, 사람만이 할 수 있는 노동은 극심한 경쟁 구도로 이어진다는 것을 의미하기 때문입니다.

인공지능과 더불어 다가올 앞으로의 세상은 살기 좋은 유토피아Utopia일까요? 오히려 살기에 끔찍한 디스토피아dystopia일까요? 미래를 정확히 예측하는 것은 어려운 일입니다. 하지만 인공지능보다 유연한 사고를 지닌 사람이 눈앞에 다가온 미래를 현재로 적절히 대응하며 살아낼 것은 분명합니다.

뷰카(VUCA: 변동성Volatile, 불확실성Uncertainty, 복잡성Complexity, 모호성Ambiguity의 머리글자를 딴 신조어로, 불확실하고 모호한 미래사회의 특성을 표현) 시대에 살아남기 위해서 우리는 어떤 능력을 길러야 할까요?

앞으로의 시대에 AI는 인터넷과 같이 사회적 인프라로써 선택재가 아니라 필수재로 자리매김할 것으로 보입니다. 인공지능은 이미 일부 특정 분야에서 사람을 뛰어넘은 지 오래입니다. 하지만 사람이 강점을 보이는 부분에서 갖고 있는 한계점을 극복하고 있지 못하고 있는 것도 사실입니다. AI와 사람이 잘할 수 있는 영역이 이렇듯 극명하게 다르다고 보았을 때, 우리는 과연 어떤 능력을 기르기 위해 힘써야 할까요? 이 물음에 대해 진지하게 생각해 보고, 스스로 답변해 보는 시간을 갖는 것은 이 책을 펼친 여러분에게 충분히 가치 있는 일이 될 것입니다.

'머신러닝포키즈'를 활용하면
우리에게 익숙한 스크래치 블록으로 멋진 AI프로그램을 만들 수 있어요.
소리데이터를 학습시켜서
나만의 곰조련사, 나만의 자기소개로봇을 만들어 볼까요?

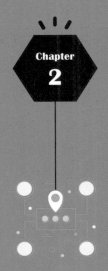

Chapter
2

머신러닝포키즈로
AI 만들어 볼래?

🗳️ 머신러닝포키즈란 뭘까?

*출처: 유튜브 'Dale Lane, IBM – Understanding Computers'

두 아이의 아빠이자 영국 IBM 소프트웨어 개발자, 대일 레인Dale Lane은 IBM 왓슨 Watson 초기 상용화 과정부터 참여했습니다. 왓슨은 인간의 언어를 이해하고 판단하는 데 최적화된 인공지능 슈퍼컴퓨터랍니다. 이후 대일 레인은 교육에도 관심이 많아 수많은 강연에 나서고 AI 관련 유튜브 영상을 업로드해 왔습니다. 그런 그가 개발한 작품이 지금부터 만나게 될 'Machine Learning for Kids(이하 머신러닝포키즈)'입니다.

머신러닝포키즈는 초보자들이 쉽게 머신러닝을 이해하고 활용할 수 있게 돕고 있습니다. 사용자는 머신러닝포키즈에서 MIT 미디어랩에서 개발한 스크래치3이라는 블록형 프로그래밍 언어를 기반으로 다양한 머신러닝 작품을 손쉽게 만들 수 있습니다. 또한 스크래치2, 파이썬, 앱인벤터를 사용하여 작품을 만들 수도 있습니다.

학습 훈련 데이터의 종류는 텍스트, 이미지, 숫자, 소리입니다. 여기서는 소리 데이터를 주로 활용할 거예요. 아직 무슨 말인지 이해되지 않아도 걱정하지 마세요. 책의 내용을 차근차근 따라오면, 여러분도 머신러닝포키즈를 자유자재로 활용할 수 있답니다.

tip 머신러닝포키즈에서는 초보자가 쉽게 체험해 볼 수 있도록 다양한 워크시트를 제공합니다. 각각 텍스트, 이미지, 소리, 숫자 데이터를 이용해서 활용해 볼 수 있도록 워크시트는 교사용과 학생용으로 제시합니다.

사람의 음성을 인식할 수 있다고?

"열려라, 참깨!"

동화책 『알리바바와 40인의 도적』에는 동굴에 말을 하면 동굴 문이 열렸다 닫혔다 하는 신비한 내용이 나옵니다. 여러분도 이처럼 초자연적이거나 영웅 이야기를 읽으면서 사람의 말을 알아듣는 물건에 대해 상상해 본 적이 있나요? 최근 우리가 쓰는 말을 인식하고 일을 하는 기계(컴퓨터)들을 주변에서 쉽게 찾아볼 수 있게 되었습니다. 이는 음성 인식 때문에 가능해졌지요.

음성 인식 기술은 컴퓨터가 마이크를 통해 얻은 소리 데이터를 인식하는 기술을 말합니다. 컴퓨터에 양질의 많은 소리 데이터를 입력합니다. 컴퓨터는 이러한 소리 데이터의 특징을 짧은 단위로 쪼개어서 숫자 형태의 데이터로 추출해 냅니다. 이를 바탕으로 패턴을 분석하여 소리 데이터를 학습합니다. 이러한 컴퓨터를 음성 인식기 라고 합니다.

음성 인식기를 만들어 볼까?

회원 가입과 로그인 하기

머신러닝포키즈에 접속합니다. 브라우저를 켜고 머신러닝포키즈의 웹페이지 주소 (https://machinelearningforkids.co.uk)로 들어갑니다. 로그인 버튼을 클릭하면 회원 가입을 할 수 있어요. 회원 가입하는 방법을 알아보겠습니다.

tip 크롬 브라우저(Chrome Browser)에 최적화되어 있기 때문에 크롬 브라우저 사용을 권장
합니다.

1. 브라우저를 켜고 머신러닝포키즈 웹페이지에 접속합니다.

2. 로그인에서 '계정 만들기'를 클릭합니다. 자신의 상황에 맞게 가입하는 지위를 입력합니다. '교사 혹은 코딩 클럽의 리더'를 선택하면 '등록되지 않는 교실 계정 만들기'와 '관리되는 교실 계정 만들기'가 나오는데 둘 중 하나를 선택합니다.

3. 교사 혹은 코딩 클럽의 리더로서 계정을 만들 때 나오는 두 가지는 다음과 같은 특징이 있습니다. 본인이 희망하는 방법을 선택합니다.

등록되지 않는 교실 계정 만들기	관리되는 교실 계정 만들기
– 스스로 계정 만들기 – 학습에 필요한 API를 만들어야 함 – API를 등록한 후 '선생님–관리'에서 학생 혹은 친구들의 계정을 관리할 수 있음	– 관리자에게 이메일을 보내서 만들기 – 학생들의 수와 교사 혹은 코딩 클럽의 리더임을 인증하면 단체로 계정을 만들어 줌 – 신분을 증명할 웹페이지가 필요함

4. 사용자 이름과 메일, 사용 목적을 간략히 입력하고 'CREATE CLASS ACCOUNT'를 클릭합니다.

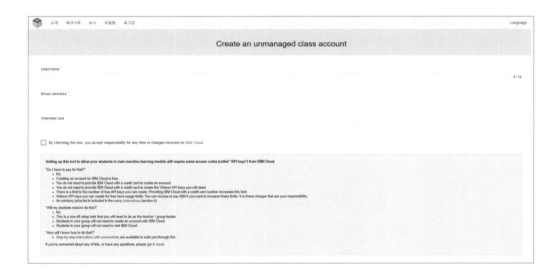

5. 가입이 완료되면 화면 상단에 가입한 계정의 비밀번호가 뜹니다. 브라우저를 이용하면 비밀번호를 저장해서 사용할 수 있지만, '아이디나 비밀번호를 잊어버렸나요?'를 클릭해서 본인의 메일로 비밀번호 변경 메일을 보내어 비밀번호를 변경합니다.

tip 이 교재에서는 일반적인 사용자를 위해 '등록되지 않는 교실 계정 만들기'를 기준으로
집필되었습니다.

tip API란?

'application programming interface'의 약자로 함수들의 집합인 라이브러리에 접근하기 위한 규칙들을 정의한 것입니다. 즉, 프로그래머가 라이브러리의 여러 함수를 이용하여 프로그램을 작성할 때 해당 함수의 내부 구조는 알 필요 없이 단순히 API에 정의된 입력 값을 주고 다양한 기능을 사용할 수 있게 해줍니다. API 활용의 예로는 기상청 날씨 API를 내 쇼핑몰에 넣어 날씨에 따라 제품 추천하기, 네이버 가격 비교 API를 이용해 내 쇼핑몰에서 가격 비교하기 등이 있습니다.

✔ IBM Cloud Watson API 등록하기

머신러닝포키즈는 IBM Watson Developer Cloud의 API를 사용합니다. 머신러닝 프로젝트를 시작하기 전에 꼭 API를 등록해야 합니다. API 등록을 위해서는 IBM 클라우드에서 계정을 생성하고 필요한 API Key를 받는 과정이 필요합니다.

1. 브라우저를 켜고 IBM Cloud 웹페이지(http://cloud.ibm.com)에 접속합니다.

2. IBM Cloud 계정 생성을 클릭합니다. 이메일 주소, 이름, 성, 국가 또는 지역, 비밀번호를 입력합니다. 본인의 메일로 가입 확인 메일이 오면 'Confirm account' 버튼을 클릭하여 본인 인증을 합니다.

3. QR코드의 자료를 참고해서 IBM Cloud에서 왓슨 어시스턴트Watson assistant와 비주얼 레커그니션Visual Recognition의 API Key를 확인합니다.

4. 머신러닝포키즈의 계정에서 각 API Key를 입력합니다. 두 API Key가 바뀌지 않도록 유의합니다.

5. API가 제대로 등록되었는지 확인하고 머신러닝포키즈를 이용합니다.

 tip

왓슨 어시스턴트(텍스트 인식 툴)

왓슨 어시스턴트(Watson assistant)는 우리가 쓰는 말을 이해할 수 있는 인공지능 도구입니다. 이것을 이용해서 우리가 사용하는 언어를 이해하고, 움직일 수 있는 프로그램이나 로봇을 만들 수 있습니다.

첫 번째 프로젝트: 곰 조련사 만들기

소리 데이터를 이용한 머신러닝을 통해서 곰 조련사Training Bear가 되어 보는 프로젝트입니다. 곰에게 "앉아!(Sit down), 일어서!(Stand up), 이리 와!(Come here), 돌아가!(Go back)"라고 명령하면 이에 따라 행동하는 프로젝트를 만들어 볼 거예요.

프로젝트 만들기

머신러닝포키즈를 활용하기 위해 먼저 프로젝트를 생성해야 합니다.

1. 프로젝트를 생성하기 위해서 오른쪽 프로젝트 추가 버튼을 클릭합니다. 프로젝트 생성 화면에서 프로젝트 이름, 학생들 참여 여부, 인식 방법을 선택합니다. 인식 방법은 텍스트, 이미지, 숫자, 소리 중에서 소리를 클릭한 후에 '만들기' 버튼을 누릅니다.

모든 학생을 위한 프로젝트입니까?

프로젝트 이름 *

Training Bear

텍스트
이미지
숫자
소리

컴퓨터가 어떤 방식으로 인식하도록 할지 선택해봅시다

글자, 문장을 인식하도록 한다면 "문자(text)"를 선택하세요
사진, 다이어그램 등을 인식하도록 원한다면 "이미지(images)"를 선택하세요
숫자 등을 인식하도록 원한다면 "숫자(numbers)"를 선택하세요
다양한 소리나 목소리를 인식하도록 원한다면 "사운드(sounds)"를

만들기   취소

---

tip 프로젝트는 최대 3개를 저장할 수 있습니다. 텍스트 데이터의 프로젝트는 500개의 샘플 데이터를, 숫자 방식은 1,000개의 샘플 데이터를, 이미지와 소리 방식은 100개의 샘플 데이터를 가질 수 있습니다. 단, 생성한 머신러닝 모델은 24시간 뒤에 자동으로 삭제됩니다.

tip 머신러닝포키즈에서 프로젝트 이름은 영어로만 설정할 수 있습니다.

훈련: 소리 데이터 수집하기

프로젝트의 단계는 훈련 → 학습 & 평가 → 만들기의 3단계로 구성됩니다.

1. 훈련'을 클릭하면 다음과 같은 화면이 나옵니다.

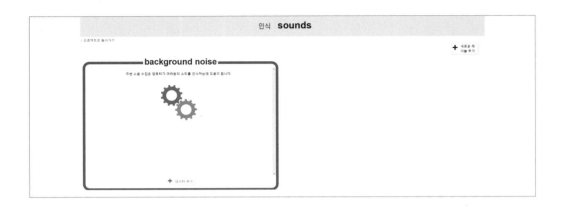

2. 소리 데이터의 경우 처음에 배경 소음을 뜻하는 'background noise'라는 라벨의 데이터값을 입력해 주어야 합니다. 왜냐하면 어떤 입력값을 입력하지 않았을 때도 배경 소음을 데이터로 잘못 인식하여 반응하는 것을 방지하기 위해서입니다. 소리 데이터를 입력하는 방법은 해당 라벨의 아래에 '데이터 추가' 버튼을 클릭합니다.

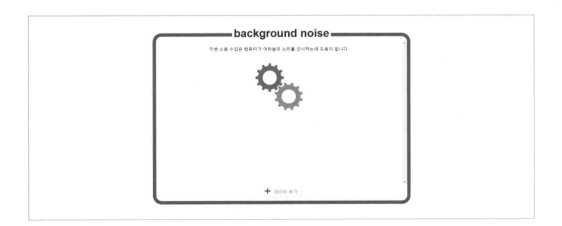

3. 팝업된 창에서 마이크 모양의 버튼을 누르면 녹음할 수 있습니다. 머신러닝포키즈에서 녹음은 2초 동안 가능합니다. 'background noise'에서는 주변의 소리를 녹음합니다. 최소 10회 이상 녹음하여 소리 데이터를 수집합니다.

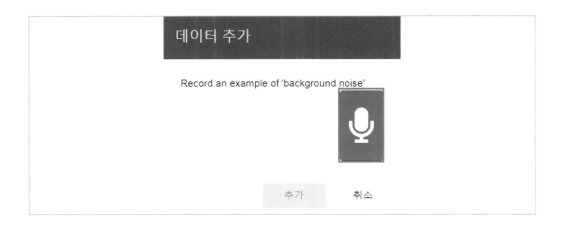

4. 이제 본격적으로 라벨에 데이터를 수집해 볼까요. 곰을 조련시키는 음성 명령 'Sit down', 'Stand up', 'Come here', 'Go back' 등 4가지로 라벨을 설정했습니다. 추가 버튼을 누르면 라벨을 추가할 수 있습니다. Chapter 1에서 살펴본 바와 같이 학습 훈련 데이터의 질과 양이 중요합니다. 데이터 추가 버튼을 누르고 각 라벨에 따라 충분한 양의 데이터를 수집합니다.

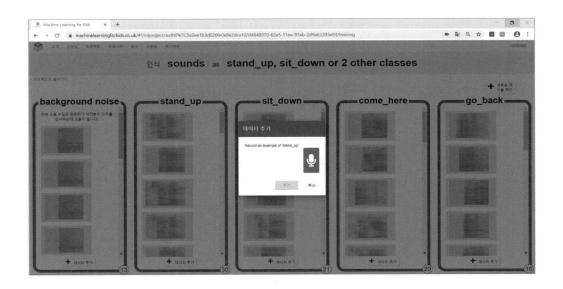

학습 & 평가 : 머신러닝

1. 수집한 데이터를 머신러닝 시켜 볼까요. '새로운 머신러닝 모델을 훈련시켜 보세요' 버튼을 클릭하면 컴퓨터는 훈련을 시작합니다. 머신러닝이 완료되면 '듣기 시작' 버튼을 이용해서 머신러닝 모델이 잘 학습되었는지 확인할 수 있습니다.

머신 러닝 모델

프로젝트로 돌아가기

무엇을 하고 있나요?

다음의 사운드를 컴퓨터가 인식하기 위해 여러분 교실 친구들은 데이터를 모았습니다.
_background_noise_ , stand_up or 3 other classes.

반 친구들이 수집한 데이터:
- 13 examples of _background_noise_,
- 30 examples of stand_up,
- 21 examples of sit_down,
- 20 examples of come_here,
- 16 examples of go_back

다음은?

컴퓨터를 학습시킬 준비가 되었나요?
머신러닝 모델 만들기 시작 버튼을 눌러 여러분 교실 친구들이 모은 데이터로 모델을 만들어보세요.

(혹은 여러분 교실 친구들과 훈련 페이지로 이동하여 더 많은 데이터를 모아보세요.)

트레이닝 컴퓨터 정보:

새로운 머신 러닝 모델을 훈련시켜보세요.

데이터값이 잘 입력되지 않았을 때는 다시 충분한 양의 질 좋은 데이터를 입력하는 과정을 반복하는 것이 좋습니다.

스프라이트와 배경 설정하기

머신러닝포키즈는 MIT에서 개발한 스크래치3을 활용할 수 있습니다. [훈련]에서 데이터값을 수집하고, [학습 & 평가 : 머신러닝]에서 머신러닝 모델을 생성하였다면, 이번 [스프라이트와 배경 설정하기]에서는 스크래치3을 이용해서 AI를 프로그래밍합니다.

1. 먼저, '프로젝트로 돌아가기'를 눌러서 첫 화면으로 돌아갑니다. 이후 '만들기' 버튼을 클릭한 후 '스크래치3 열기'를 클릭합니다.

2. '기본 스프라이트 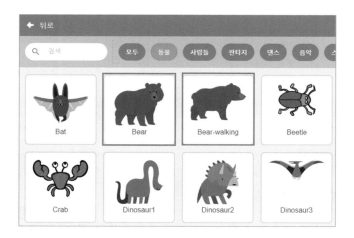'를 삭제하고 화면 오른쪽 하단의 '배경 고르기'에서 'Forest'를, '스프라이트 고르기'에서 'Bear '를 가져옵니다.

3. 'Bear ' 스프라이트를 클릭하고 '스프라이트 이름: Bear, x 좌표: −150, y 좌
표: −100, 크기: 60, 방향: 90'을 설정합니다.

4. 'Bear ' 스프라이트를 클릭하고 화면 왼쪽 상단의 모양 버튼을 클릭합니다. 그
리고 오른쪽 하단의 '모양 고르기'에서 스프라이트 ' Bear−walking a'에서부터
' Bear−walking h'까지를 각각 추가합니다. 앞으로 걷는 곰의 동작을 나타내기
위해서 곰의 모양을 추가해 주는 것입니다.

5. 다시 오른쪽 하단의 '스프라이트 고르기 🐻'에서 'Prince 🚶' 스프라이트를 추가
하고 스프라이트 이름을 'Trainer'라고 해줍니다. 'x좌표 : 125, y좌표 : −50, 크기
150, 방향 90'으로 설정합니다.

6. 'Trainer 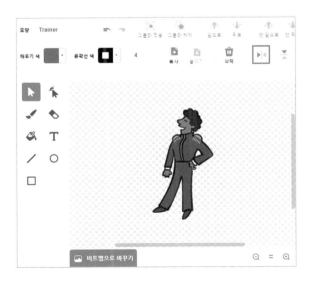' 스프라이트가 왼쪽을 바라보게 하기 위해서는 를 클릭한 상태에서 왼쪽 상단의 모양 버튼에서 '좌우 뒤집기'를 클릭합니다.

7. 'Bear'가 명령을 받고 움직이므로, 를 클릭한 상태로 프로그래밍을 시작합니다. '녹색 깃발을 클릭했을 때' 블록을 클릭하면 입력한 데이터로 학습하여 새로운 머신러닝 모델을 만들도록 다음과 같이 블록을 코딩합니다.

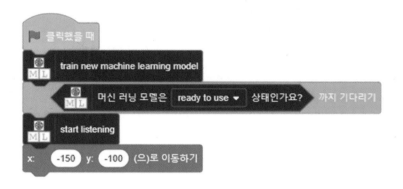

> **tip**
> 소리 데이터를 이용한 머신러닝 모델을 만들 때는 스크래치 화면에서 다시 한 번 모델을 학습해야 합니다.

소리 데이터에 'Bear🐻'가 행동할 수 있도록 다음과 같이 블록을 코딩합니다.

8. "Sit down"이라는 명령을 들으면 곰이 앉아 있는 것처럼 보이도록 ![when I hear sit_down] 에 ![모양을 bear-a (으)로 바꾸기] 블록을 코딩합니다. 'bear-a 🐻'로 상태가 바뀌도록 코딩합니다.

스크래치 3
새로운 버전의 스크래치로 만들어봅시다.

스크래치 3

9. "Stand up"이라는 명령을 들으면 곰이 일어선 것처럼 보이도록 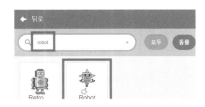 에 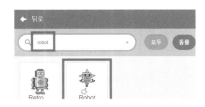을 코딩합니다. 일어선 모양으로 보이도록 'bear-b'로 코딩합니다.

10. "Come here" 명령을 들으면 걸어가는 모양처럼 보이도록 코딩합니다. 걸어가는 것이 자연스럽게 보이기 위해서는 'Bear-walk-a'부터 'Bear-walk-g'까지 모양이 바뀌도록 코딩을 합니다.

이때 순차 구조로 코딩해도 좋지만 반복 구조를 이용해서 '몇 번 반복하기' 블록을 사용합니다.

Trainer 쪽으로 이동하도록 'x좌표를 만큼 바꾸기' 블록의 x좌표 값을 10으로 입력하여 코딩합니다. 각 스프라이트가 천천히 변해서 자연스럽게 움직이는 것처럼 보이게 '초 기다리기' 블록을 코딩합니다.

11. "Go back"이라는 명령을 들으면 ' Bear'가 처음 좌표로 돌아가도록 코딩합니다.  블록에  블록의 x좌표 값을 −150, y좌표 값을 −100으로 입력하여 코딩합니다.

완성된 코드와 장면입니다. 한번 실행해 볼까요?

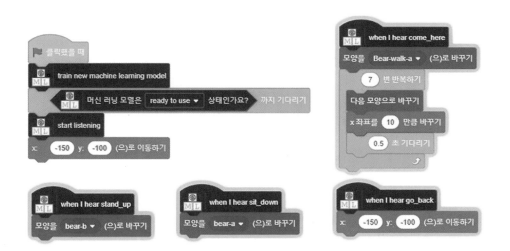

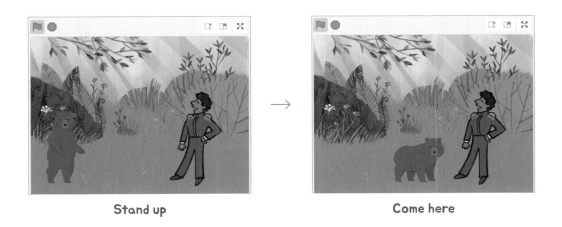

Stand up　　　　　　　　　　　Come here

✅ 두 번째 프로젝트: 자기소개 로봇 만들기

　소리 데이터를 활용해 질문에 답을 하는 자기소개 로봇Self-introduction Bot을 만들어
볼까요. 스크래치3의 확장 기능 중 텍스트 음성 변환TTS, Text to Speech 기능을 활용하
여 내 질문에 로봇이 음성으로 답하게 해봅시다.

프로젝트 만들기

1. 다음과 같이 프로젝트를 만들어 보세요.

① 프로젝트 이름을 입력하고,
　인식 방법은 소리로 설정합니다.

② 만들기 버튼 클릭하기

훈련: 소리 데이터 수집하기

1. '훈련' 버튼을 클릭하여 소리 데이터를 입력해 보세요. 소리 데이터를 입력하기 위해서는 마이크가 준비되어야 합니다. 대부분 노트북에는 내장 마이크가 포함되어 있습니다.

'background noise'는 배경 잡음 데이터를 입력하는 라벨입니다. '추가' 버튼을 클릭하고, 아무 소리도 나지 않도록 하고 마이크 버튼을 눌러 녹음합니다. 그리고 '추가' 버튼을 클릭하여 라벨에 추가합니다. 이 작업을 10번 이상 반복합니다. 반복하는 횟수가 늘어날수록 많은 소리 데이터를 학습시킬 수 있습니다.

버튼을 눌러, 다음과 같이 'name', 'age', 'hobby', 'hometown' 라벨을 만들어 봅시다. 'name' 라벨에서는 한국어로 '이름'이라는 소리 데이터를 10번 이상 추가해 보세요. 같은 방식으로 'age', 'hobby', 'hometown' 라벨 속에 각각 한국어로 '나이', '취미', '고향'이라는 소리 데이터를 추가합니다.

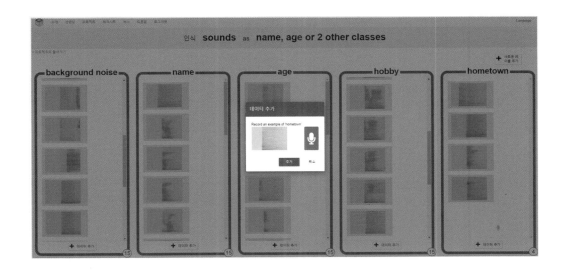

학습 & 평가: 머신러닝

1. 모두 마무리하였다면, 이제 '프로젝트로 돌아가기'를 클릭하고, 이렇게 모은 데이터를 바탕으로 컴퓨터를 학습 및 평가해 보겠습니다. '새로운 머신러닝 모델을 훈련시켜 보세요'를 누르면 머신러닝이 시작됩니다. 몇 분의 시간이 지나면 머신러닝 모델이 생성됩니다.

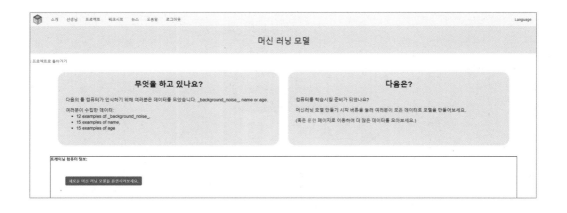

2. '듣기 시작' 버튼을 누르고 한국어로 '이름', '나이', '취미', '고향' 중 하나를 말하면, 얼마나 학습이 잘 되는지 평가할 수 있습니다.

스프라이트와 배경 설정하기

1. 머신러닝 모델 생성이 끝나면, 프로젝트로 다시 돌아가서 '만들기' 버튼을 클릭합니다. 스크래치3을 선택한 후 '스크래치3 열기'를 클릭합니다.

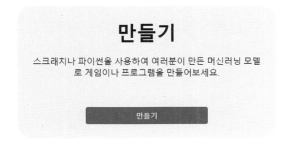

tip 머신러닝포키즈는 스크래치2, 스크래치3, 파이썬, 앱인벤터를 지원합니다. 단, 소리 데이터는 현재 스크래치3만 지원이 됩니다.

2. 다음과 같이 고양이 스프라이트를 삭제하고, 새로운 스프라이트를 검색해 보세요.

① 고양이 스프라이트 삭제하기

② 새로운 스프라이트 찾기

3. 'Robot 🤖' 스프라이트를 추가합니다.

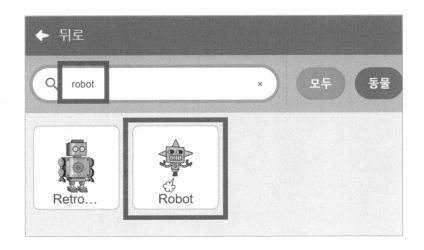

4. '배경 고르기 🖼' 버튼을 클릭하고, 'Colorful City 🏙'를 선택합니다.

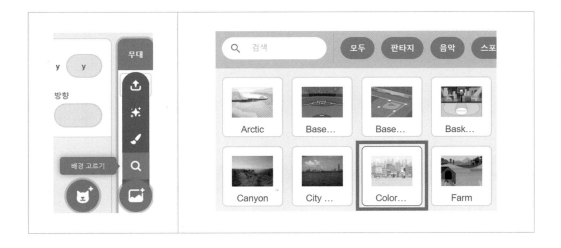

74

5. 소리 데이터 '보기'를 보여 주는 스프라이트도 만들어 보세요. 🐻 그룹 중에서 '그리기' 버튼을 선택합니다.

6. <보기> 1.이름 2.나이 3.취미 4.고향 를 만들어 보세요. 직사각형 ☐ 버튼을 클릭하고, 윤곽선 색 ■ 을 클릭하여 선 없음 버튼 ╱ 을 선택합니다.

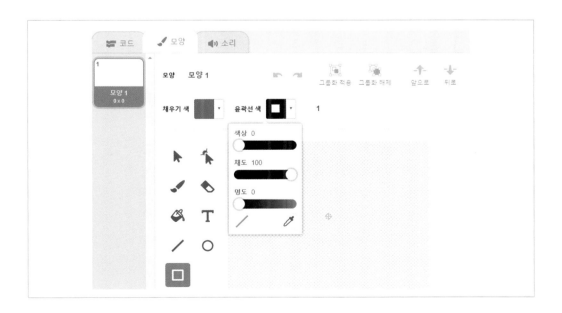

7. 빈 그리기 화면 안에 직사각형 ▬▬▬▬▬을 그려 보세요. 그리고 **T** 버튼을 클릭하여 보기를 입력합니다.

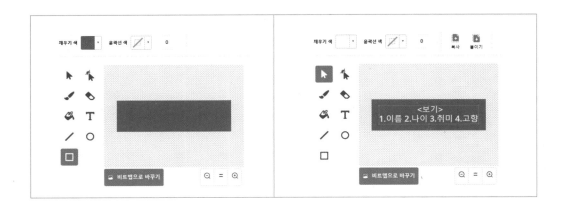

> **tip** 글자색은 채우기 색에서 색상 0, 채도 0, 명도 100으로 흰색을 만들 수 있습니다. 글자 크기는 글상자 모서리에 표시된 8개의 점으로 조절할 수 있습니다. 글상자는 가운데 +표 시를 클릭한 채 드래그하며 옮길 수 있습니다.

8. 화면에서 'Robot ✦'과 '스프라이트 1 〈보기〉 1.이름 2.나이 3.취미 4.고향'을 클릭하고 드래그하여 다음과 같이 위치를 조정해 봅니다.

프로그래밍하기

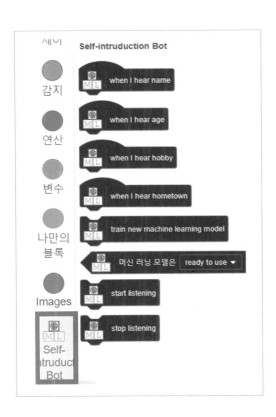 을 클릭하면 '학습과 평가: 머신러닝' 단계에서 학습한 모델을 활용한 다양한 블록이 있습니다.

'Robot ✳' 스프라이트가 자기소개 로봇이 되어 스프라이트에게 질문하면 텍스트로 답하도록 프로그래밍해 봅시다.

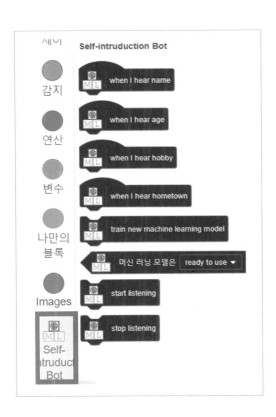

1. 녹색 깃발 🚩을 클릭하면, 로봇이 인사를 하고 머신러닝 모델을 학습합니다.

🔍 **tip** 앞서 곰 조련사 만들기에서와 마찬가지로 텍스트, 이미지, 숫자 데이터라면 이 과정이 필요 없으나 소리 데이터일 경우에는 'train new machine learning model'이 필요합니다.

2. 머신러닝 모델이 사용 준비가 될 때까지 'Robot 🤖' 스프라이트가 "잠시만 기다려 줘. 열공 중^^"이라고 말하며 기다립니다.

3. 머신러닝 모델이 사용 준비가 되면, '보기'에 나온 '이름', '나이', '취미', '고향' 중 하나를 물어 볼 수 있습니다.

'Robot 🤖'은 "위 4가지 보기 중에서 나에 대해 궁금한 점을 물어봐~!"라고 말하며 듣기를 기다립니다.

4. '이름'을 물으면, 'Robot🔧' 스프라이트가 "내 이름은 자기소개 봇이야."라고 텍스트로 대답합니다.

5. '나이'를 물으면, 'Robot🔧' 스프라이트가 "난 13살이야"라고 텍스트로 대답합니다.

6. '취미'를 물으면, 'Robot🔧' 스프라이트가 "난 코딩하는 것을 좋아해."라고 텍스트로 대답합니다.

7. '고향'을 물으면, 'Robot🔧' 스프라이트가 "내 고향은 실리콘밸리야."라고 텍스트로 대답합니다.

스크래치3에서 지원하는 확장 기능 을 사용하여 좀 더 재미있게 만들기 위해 텍스트로 응답하는 것을 넘어서 음성으로 말할 수 있게 프로그래밍해 봅시다.

이를 위하여, 확장 기능 추가하기 버튼을 누르고 확장 기능 중 TTS(텍스트 음성 변환, Text to Speech)를 선택합니다. 그럼 블록을 사용하여 텍스트를 음성으로 출력할 수 있게 됩니다. 마치 인공지능 비서 애플의 시리, 삼성의 빅스비, 아마존의 알렉사에게 질문했을 때 답을 받는 기분을 느낄 수 있을 것입니다.

8. '이름'을 물으면, 'Robot ' 스프라이트가 "내 이름은 자기소개 봇이야."라고 음성과 텍스트로 대답합니다.

```
when I hear name
내 이름은 자기소개봇이야.  말하기
내 이름은 자기소개봇이야.  을(를)  2  초 동안 말하기
```

9. '나이'를 물으면, 'Robot ' 스프라이트가 "난 13살이야"라고 음성과 텍스트로 대답합니다.

```
when I hear age
난 13살이야.  말하기
난 13살이야.  을(를)  2  초 동안 말하기
```

10. '취미'를 물으면, 'Robot ' 스프라이트가 "난 코딩하는 것을 좋아해."라고 음성과 텍스트로 대답합니다.

11. '고향'을 물으면, 'Robot ' 스프라이트가 "내 고향은 실리콘밸리야."라고 음성과 텍스트로 대답합니다.

스프라이트의 모양을 바꾸는 블록을 활용하면, 'Robot ' 스프라이트가 응답하면서 모양이 변해 재미있는 모습을 연출할 수 있습니다. '형태' 블록 중에서  블록을 선택합니다.

12. 스프라이트 모양이 'robot-a '가 됩니다.

```
모양을  robot-a ▼  (으)로 바꾸기
        0.5  초 기다리기
```

13. 스프라이트 모양이 'robot-b '가 됩니다.

14. 스프라이트 모양이 'robot-c '가 됩니다.

완성된 코드와 장면입니다. 실행하여 나만의 자기소개 로봇에게 질문하고 답을 들어보세요.

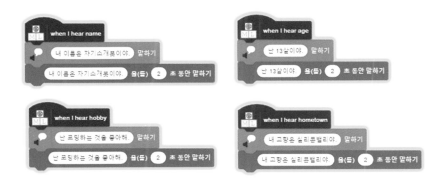

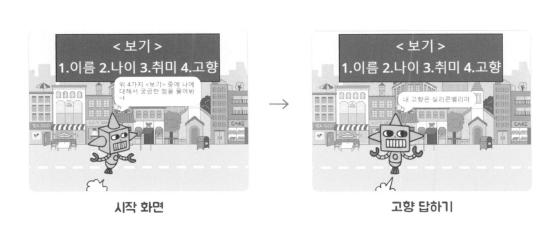

시작 화면   고향 답하기

✅ 한 걸음 더

곰에게 소리 데이터가 아닌 텍스트 데이터로 명령을 내리는 Training Bear 프로젝트를 발전
시켜 만들어 보세요.

Bear	

사람 말소리가 아닌 다양한 소리(손뼉 소리, 휘파람 소리, 손 튕김 소리, 발소리)에 반응하여 악기(드럼, 트럼펫, 기타, 벨)가 연주되는 프로그램을 만들어 자기소개 봇 프로젝트를 발전시켜 보세요.

Drum…	
Trum…	
Guitar	
Bell	

음악의 흥행 여부를 알아맞히고
곡까지 만드는 AI

"지금 이 음악 뭐야?"

"이 음악은 가수 ○○의 ○○○라는 곡이에요."

길을 걷거나 TV를 보다가 흘러나온 노래를 듣고 제목이 궁금해서 옆 사람에게 물어본 적이 있을 것입니다. 요즘은 옆 사람에게 묻지 않아도 내 손안의 스마트폰을 이용해서 손쉽게 음악을 검색할 수 있습니다. 스마트폰의 음악 검색 앱을 이용하면 금방 음악 제목을 찾을 수 있습니다.

우리가 편하게 이용하는 이러한 기능에도 AI가 숨어 있습니다. AI가 음악의 리듬, 속도, 비트, 음색 등의 다양한 요소를 듣고 패턴을 분석하여 음악을 구분합니다. 그럼, AI가 단순히 음악을 구분하는 것을 넘어서 인기곡들의 패턴을 분석하여 인기곡이 될 수 있는지 예측하는 것은 가능할까요?

가능합니다. 실제로 'Music Xray'라는 히트곡 예측 사이트가 운영되고 있습니다. 아티스트가 올린 곡을 20초간 듣고, 이 곡의 흥행 가능 여부를 예측합니다. '이 사이트가 정말 의미가 있을까?'라는 의문이 들 수도 있습니다. 놀랍게도 이 AI는 많은 음반회사, 음악 프로듀서들과 제휴를 맺으며 능력을 인정받고 있습니다. 'Music Xray'는 다양한 장르의

곡을 300만 곡 이상 학습하고, 이 중 히트곡의 패턴을 분석해서 음악이 흥행할지를 예측합니다.

반대로 AI가 작곡을 하는 것도 가능합니다. 'Jukedeck'이라는 웹사이트는 곡의 길이, 장르, 분위기 등을 지정하기만 하면 머신러닝 과정을 거친 AI가 곡을 만듭니다. 이 곡은 심지어 저작권도 자유롭습니다. 곡의 장르나 분위기를 같게 선택을 하더라도 매번 다른 곡을 작곡해 줍니다. 마치 사용자가 작곡가가 된 것처럼 느끼게 합니다.

그럼 집에서 온라인으로 손쉽게 만든 곡이 히트곡이 될 수 있지 않을까요? AI를 활용한 다양한 기술이 어디까지 발전할지 궁금합니다.

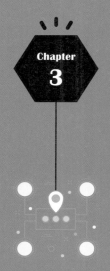

코그니메이츠로
AI 만들어 볼래?

코그니메이츠란 뭘까?

코그니메이츠Cognimates(http://cognimates.me)는 어린이들이 스크래치라는 코딩 언어를 사용하여 자신만의 인공지능 로봇을 훈련할 수 있도록 돕는 교육 프로그램입니다. 미국 MIT 미디어랩에서 스크래치3을 바탕으로 만든 다양한 확장 블록을 제공합니다. 특히 이미지와 텍스트를 훈련시킬 수 있는 확장 블록을 통해 어린이들도 쉽게 머신러닝을 익힐 수 있습니다. 이번 챕터에서는 코그니메이츠의 텍스트 훈련 기능을 활용해 챗봇chatbot을 만들어 볼까요.

 ## 사람과 채팅할 수 있다고?

챗봇ChatBot은 채팅Chatting과 로봇Robot을 결합한 말입니다. 채팅창을 통해 자동으로 로봇이 대답하거나 연관 정보를 제공하는 것을 챗봇이라고 합니다. 이러한 챗봇은 모바일 메신저에서 쉽게 만날 수 있습니다. 또 이미 실생활에서 음식 주문, 상품

구입, 예약 서비스, 각종 사이트의 고객센터 등에서 소비자가 원하는 정보나 질문에 AI가 대화형으로 알맞은 답을 제공하고 있습니다.

챗봇과 인간이 대화하기 위해서는 자연어 처리 기술 NLP^{Natural Language Processing}가 필요합니다. 여기서 자연어란 컴퓨터가 사용하는 기계(컴퓨터)어와 구분하기 위해 인간이 사용하는 언어를 말합니다. 이 자연어 처리 기술의 작업은 크게 두 가지로 나눌 수 있습니다. 어휘, 구문, 의미 등의 문어를 처리하는 것과 음성학적 지식의 구어를 처리하는 것입니다. 이 기술은 검색엔진, Q&A 시스템, 자동 번역기 등 인간의 언어가 사용되는 모든 영역에서 사용되는 기술입니다.

야, 너도 챗봇 만들 수 있어!

여러분은 휴일이나 방학 때 놀러 갈 곳을 어떻게 정하나요? 어디로 가야 할지, 누구와 함께할지, 무엇을 먹을지 등 여러 가지를 결정해야 합니다. 이런 선택 앞에서 로봇의 도움을 받는다면 쉽게 결정할 수 있어요. 로봇과 채팅을 나누면서 여러분의 취향에 맞는 여행지를 추천해 주는 '트립 어드바이저' 챗봇을 만들어 봅시다.

✅ uClassify API 획득하기

코그니메이츠에서 텍스트를 활용한 머신러닝을 진행하려면 uClassify의 API를 사용해야 합니다. uClassify는 머신러닝을 위한 텍스트 분류기text classifier를 온라인에서 무료로 제공합니다. 먼저 uClassify에 회원 가입을 하고 API Key를 받겠습니다.

1. 브라우저를 켜고 https://www.uclassify.com으로 접속하고 Free Sign Up » 버튼을 클릭합니다.

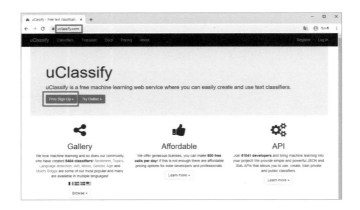

2. 회원 가입을 위해 Username, Email, Password, Confirm password 항목에 여러분의 정보를 입력한 뒤 Register 버튼을 클릭하여 진행합니다.

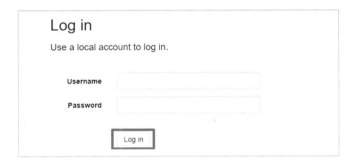

3. 회원 가입이 완료되었으면 Username과 Password를 입력하고 [Log in] 버튼을 클릭하여 계정에 접속합니다.

4. 로그인 후 상단의 메뉴에서 [Api keys] 를 클릭하여 API Key를 획득합니다.

※ API Key는 각 계정마다 다르게 생성되기 때문에, 위 그림과 다를 수 있습니다.
※ 이 API Key는 다음 단계에서 사용해야 하므로 창을 종료하지 않고 그대로 둡니다.

⊘ 첫 번째 프로젝트: 트립 어드바이저^{Trip advisor} 만들기

데이터 수집하기

1. 코그니메이츠(http://cognimates.me)에 접속하여 [Train Models]를 클릭합니다.

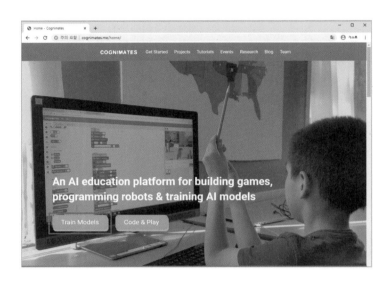

2. 글자를 학습시키기 위해 [Train Text]를 클릭합니다.

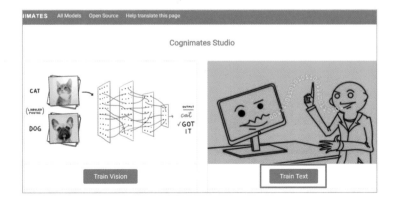

+ Create Model 탭이 활성화되었습니다. 지금부터 AI 모델을 학습시켜 보겠습니다.

tip 지금부터 모든 과정은 영어로 입력해야 합니다. 아직 uClassify에서 기계(컴퓨터)학습을 할 수 있는 언어는 영어만 가능합니다.

혹시 영어사용이 어렵다면 구글 번역(https://translate.google.co.kr)이나 네이버 파파고(https://papago.naver.com)를 활용하여 원하는 한글을 영어로 번역하여 사용할 수 있습니다.

3. 프로젝트 이름Project Name에 트립 어드바이저를 입력하고 Set 을 클릭합니다.

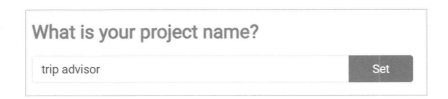

4. 앞서 uClassify에서 획득한 Read API Key, Write API Key를 각각 복사하여 코그니메이츠에 입력합니다. uClassify의 사용자 계정username을 입력하고, Set Credentials 을 클릭합니다.

5. 챗봇이 추천할 여행지인 'mountain'을 카테고리에 입력하고 '카테고리 추가' 버튼을 클릭합니다. 우리는 챗봇이 추천할 여행지를 미리 정해서 입력합니다. 예시로 'mountain', 'sea', 'amusement park' 3가지 카테고리로 정하겠습니다.

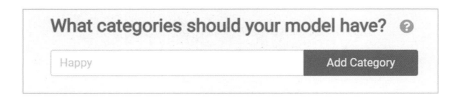

추가로 sea, amusement park까지 입력하면 다음과 같이 카테고리가 만들어집니다.

 카테고리를 추가하여 더 많은 챗봇의 대답을 만들 수 있습니다.

What categories should your model have?

mountain
Enter 10 words for mountain

sea
Enter 10 words for sea

amusementpark
Enter 10 words for amusementpark

| | Add Category |

6. 여행지 추천을 위한 데이터를 입력합니다. 카테고리(sea, mountain, amusement park)별로 해당 카테고리 주제와 관련된 데이터를 입력해 보세요. 예를 들어 'sea'라고 했을 때 바다와 관련해서 떠오르는 단어나 바다와 연관 있는 내용을 입력할 수 있습니다. 예시에서는 'I like swim', 'eat some seafood'와 같은 데이터를 입력했습니다.

tip 데이터는 단어와 문장 모두 입력이 가능하나, 영어로 입력해야 하며 카테고리별로 최소한 10개 이상의 데이터가 필요합니다.

머신러닝 학습하기

1. **Train Model** 을 클릭하고 모델 상태가 성공적으로 나올 때까지 기다립니다.

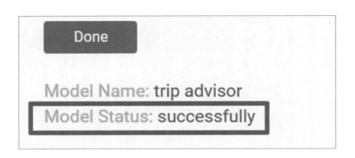

2. AI 모델이 잘 훈련되었는지 테스트하기 위해 문장을 입력하고 **Predict** 를 클릭합니다.

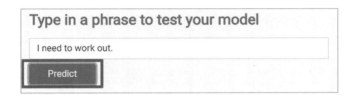

3. 'I need to work out'이라는 문장을 입력하였습니다. 이 문장을 입력받은 AI는 어떤 대답을 할까요?

Category: mountain
Confidence Score: 99.9851999999999%

4. 'Confidence Score'를 통해서 의도한 대답이 나왔는지 확인할 수 있습니다. 정확한 대답을 위해서는 양질의 데이터를 충분히 입력해 주어야 합니다. 학습이 잘 되었

다면 이 AI 모델을 챗봇으로 만들기 위해 Go! 를 클릭합니다.

🔍 **tip** 오류의 데이터가 입력되거나 충분한 양의 데이터를 입력하지 않으면 원하는 카테고리 값이 출력되지 않을 수 있습니다.

스프라이트와 배경 설정하기

코그니메이츠를 통해서 간단한 챗봇을 만들어 볼까요. 앞서 만들어진 머신러닝 모델의 블록을 이용해서 우리가 텍스트 형태로 입력하면 AI가 여행지를 추천해 주는 프로그램입니다.

1. 먼저 🍷 기본 스프라이트를 삭제합니다. 오른쪽 화면 하단의 스프라이트 고르기 🐱 를 클릭합니다. 그리고 pico 🐵 스프라이트를 선택합니다.

2. pico  스프라이트를 선택하고 다음과 같이 입력합니다. '스프라이트 이름: 트립 어드바이저, x 좌표: 0, y 좌표: 0, 크기: 100, 방향: 90'으로 수정합니다.

3. 이 트립 어드바이저에서는 추천해 주는 여행지에 맞게 배경을 바꿔줄 것입니다. 오른쪽 화면 하단의 배경화면 고르기 를 누르고 기본 배경인 Bedroom 1 부터 차례대로 Beach Malibu , Mountain , Party 를 선택합니다.

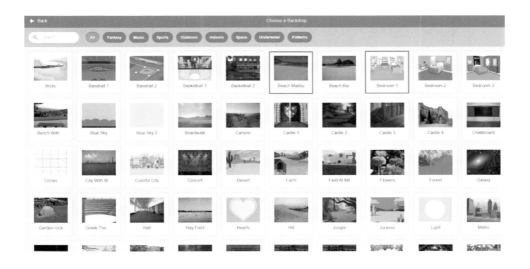

4. 화면 오른쪽의 ![]를 누르고 왼쪽 화면 상단의 Back drops에 들어가서 배경화면 들의 이름을 다음처럼 바꿔줍니다. Bedroom 1 ![]은 그대로 Beach Malibu ![]는 sea ![]로, Mountain ![]은 그대로 Party ![]는 amusementpark ![]로 이 름을 바꿔 줍니다.

5. 설정이 완료되고 다시 코드 화면으로 돌아오면 화면이 다음처럼 구성됩니다.

프로그래밍하기

1. ![깃발 클릭했을 때] 를 클릭하면 트립 어드바이저 ![스프라이트] 스프라이트가 동작하기 때문에 ![스프라이트] 를 클릭하고 왼쪽과 같이 코딩합니다. 해당하는 블록에 uClassify의 API Key, Username, Text model 이름을 입력합니다.

2. ![배경을 backdrop1으로 바꾸기] 블록을 이용해서 배경을 지정하고 ![을(를) 초 동안 말하기] 블록을 이용해서 트립 어드바이저 ![스프라이트] 가 환영 인사를 합니다. "Hello! I'm Trip advisor"라고 3초간 말을 합니다. 그리고 ![라고 묻고 기다리기] 를 이용해서 "Where do you want to go?" 라고 사용자에게 질문합니다.

3. 블록을 이용해서 사용자의 대답에 트립 어드바이저 🐵 가 여행지를 추천할 수 있도록 코딩합니다.

4. 만약 트립 어드바이저 🐵 의 대답이 'sea'라면 배경이 sea ▬▬로 바뀌면서 대답할 수 있도록 🔷블록과 배경을 backdrop1 ▾ (으)로 바꾸기 블록을 이용해서 코딩합니다. 🔺 What kind of phrase is 대답 ? = sea 블록은 머신러닝 모델이 'sea'를 추천할 때를 의미합니다. 'sea'와 마찬가지로 'mountain', 'amusement park'를 코딩합니다.

5. 이 상태로 🏳️를 누르면 한 번 동작하고 다시 처음 화면으로 돌아가지 않습니다. 반복해서 처음 화면으로 돌아가기 위해서 🔷블록을 사용하겠습니다. 그리고 바뀐 배경이 트립 어드바이저 🐵 가 말을 하는 시간 동안 자연스럽게 보이도록 🔷 초 기다리기 블록을 코딩합니다.

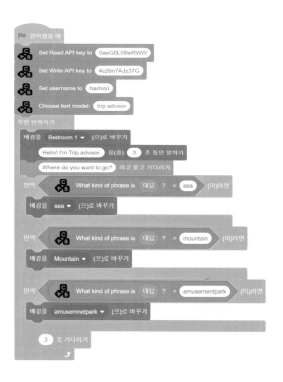

6. 트립 어드바이저 가 단답형으로 말을 하는 것보다 제안하는 말투로 말을 하도록 코딩해 보세요. `와(과) 결합하기` 를 이용하면 간단합니다. 머신러닝 모델이 답을 할 수 있도록 `What kind of phrase is 대답 ?` 과 결합해서 앞에 "How about~ ?" 형태의 말을 할 수 있도록 코딩합니다. `How about going to 와(과) What kind of phrase is 대답 ? 결합하기` 를 만든 후 한 번 더 `와(과) 결합하기` 와 결합하여 아래 블록을 만듭니다.

7. 이대로 코딩을 끝내면 카테고리에 입력하지 않은 값은 'Undefined'라고 뜨면서 대답을 하지 않습니다. 대답의 confidence가 70 미만이면 "I'm sorry. I don't know what you mean."라고 말하고, 70 이상이면 머신러닝이 학습한 카테고리의 값을 말하도록 왼쪽과 같이 코딩합니다.

8. 🏳을 클릭하여 챗봇이 어떤 답을 말하는지 확인해 보세요.

코딩을 모두 마쳤습니다. 잘 작동하는지 살펴보세요.

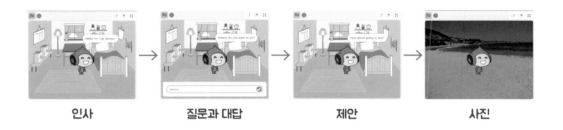

| 인사 | 질문과 대답 | 제안 | 사진 |

◎ 두 번째 프로젝트: 감정 분석 음식 추천 챗봇 만들기

챗봇이 추천하는 곳으로 여러분이 여행을 떠났다고 상상해 보세요. 금방 저녁 시간이 되었는데, 어떤 음식을 먹어야 할지 잘 떠오르지 않습니다. 기왕이면 이번에는 음식을 추천해 주는 챗봇을 만들어 볼까요. 여러분이 하는 말을 듣고 기분을 예측해서 알맞은 음식을 추천해 주는 챗봇입니다!

데이터 수집하기

1. 코그니메이츠에 접속하여 Train Models 를 클릭합니다.

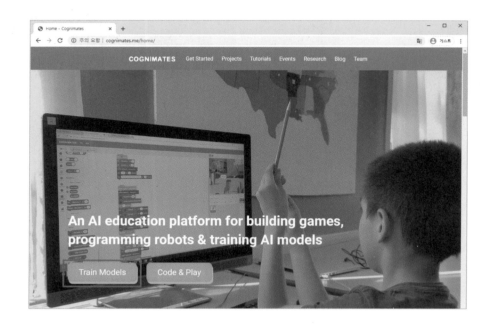

2. 텍스트(글자)를 학습시키기 위해 Train Text 를 클릭합니다.

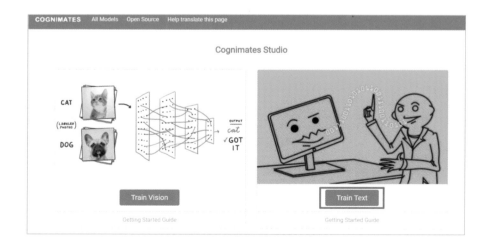

3. + Create Model 탭을 눌러 새로운 모델을 학습시켜 봅니다. 여기까지는 첫 번째 프로젝트와 같은 방법으로 진행됩니다.

4. 프로젝트 이름에 'mood and food'를 입력하고 Set 을 클릭합니다.

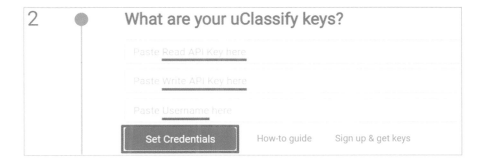

5. 첫 번째 프로젝트에서 만들었던 API Key를 다시 활용해야 합니다. Read API Key와 Write API Key, 그리고 여러분의 사용자 계정을 입력한 다음 Set Credentials 버튼을 누릅니다.

6. 학습시킬 카테고리, 즉 라벨을 만들겠습니다. 학습시킬 카테고리를 크게 행복과 슬픔으로 나눠 볼게요. 우선 'Happy'를 입력하고 Add Category 버튼을 누릅니다.

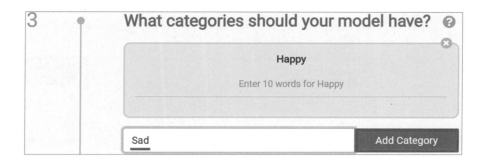

7. 'Happy'라는 카테고리가 생긴 것을 확인할 수 있습니다. 같은 방법으로 'Sad'를 입력하고, Add Category 를 눌러 카테고리를 하나 더 추가합니다. 이렇게 2개의 라벨 (Happy, Sad)을 만들 수 있습니다.

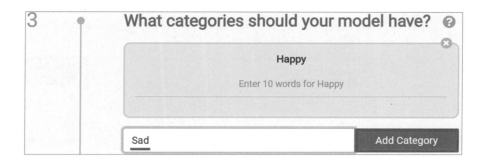

8. 이제 만들어진 카테고리 안에 어울리는 문장이나 단어를 넣어 보세요. 'Happy' 안에 'It's awesome' 등 여러분이 학습시키고자 하는 문장이나 단어를 넣고 엔터 키를 입력합니다. 학습시키기 위한 최소의 문장이나 단어 수는 10개입니다.

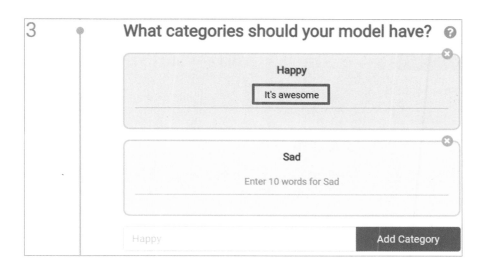

9. 'Happy'와 'Sad' 카테고리에 10개 이상의 문장과 낱말을 넣어 줍니다. 이렇게 하면 학습시킬 준비가 끝납니다.

머신러닝 학습하기

1. [Train Model] 을 누르면 학습이 시작됩니다. 잠시 기다리면 'success fully'라는 메시지가 나옵니다.

2. AI 모델이 잘 학습되었는지 테스트하기 위해, 문장이나 단어를 입력하고 [Predict] 를 클릭합니다. 그러면 예측한 카테고리 이름과 점수를 보여줍니다.

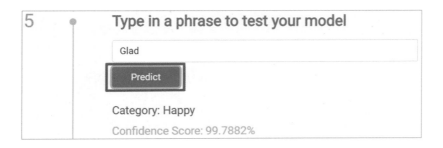

데이터가 많지 않기 때문에(카테고리당 10개의 문장) 성능이 높지는 않지만, 우리가 학습시킨 단어에 대해서는 꽤 정확하게 반응합니다.

3. 학습을 마친 후, [Go!] 를 눌러 다음으로 진행합니다.

스프라이트와 배경 설정하기

1. 먼저 기본 스프라이트를 삭제해 봅니다. 스프라이트 오른쪽 상단에 있는 'X' 버튼을 눌러 삭제해 줍니다.

2. 삭제 후 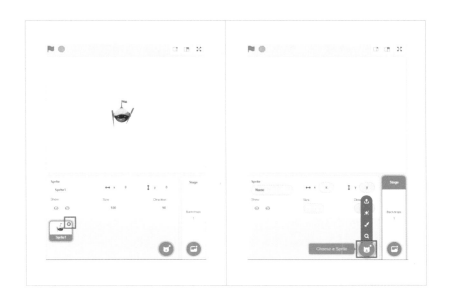 버튼을 눌러 새 스프라이트를 추가하세요.

3. 여러 개의 스프라이트 중에 로봇처럼 생긴 'Sputnik'를 골라 줍니다.

4. 다음에는 배경을 선택합니다. 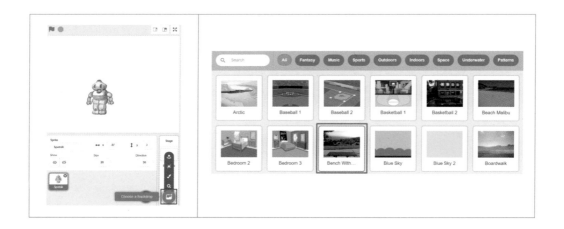버튼을 누르면 새로운 배경을 고를 수 있습니다. 같은 방법으로 'Bench'를 골라 줍니다.

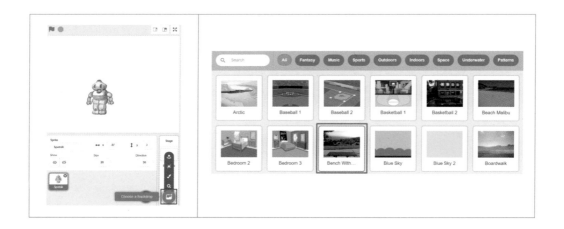

프로그래밍하기

코딩을 하기 전에, 로봇 스프라이트를 클릭합니다. 조금 전에 배경을 추가했기 때문에 배경이 선택되어 있습니다. 배경에 코딩하지 않도록 로봇 스프라이트를 골라 주세요.

우선 이벤트 꾸러미에서 '시작하기 버튼을 클릭했을 때' 블록을 가지고 옵니다.

에서 시작하기 버튼을 클릭했을 때 블록을 가지고 옵니다.

'리스트' 기능을 이용하여 기분에 따라 여러 가지 음식을 지정해 보세요. '변수'가 내용을 담는 상자라면, '리스트'는 여러 내용을 담을 수 있는 사물함에 비유할 수 있습니다. 리스트를 어떻게 만드는지 확인해 보세요.

1. ⬤ 를 선택한 뒤, '리스트 만들기'를 누릅니다.
   변수

2. 'happy_food'를 입력하고 OK 버튼을 누릅니다. 이렇게 하면 'happy_food'라는 새로운 리스트가 생깁니다.

113

3. 'happy_food의 항목을 모두 삭제하기' 블록을 가지고 옵니다. 이것은 시작하고 리스트를 초기화하는 블록입니다.

4. '(   )을 happy_food에 추가하기' 블록을 가지고 옵니다. 기분이 좋을 때는 달콤한 음식을 추천하도록 할게요. 따라서 빈칸에 '초콜릿'을 입력했습니다.

5. 같은 방법으로 4개 더 기분이 좋을 때 추천할 달콤한 음식을 추가해 줍니다. 'happy_food'라는 리스트의 1~5번 상자에 초콜릿, 바나나, 케이크, 푸딩, 아이스크림이 각각 저장되었습니다.

6. 리스트를 한 개 더 만듭니다. 이번에는 'sad_food'라는 이름으로 리스트를 만듭니다.

7. 'happy_food의 항목을 모두 삭제하기' 블록을 가지고 옵니다. 'happy_food' 옆의 삼각형 버튼을 누르면 리스트를 'sad_food'로 변경할 수 있습니다.

8. 'sad_food' 리스트에 음식을 추가해 봅니다. 우울한 기분일 때는 매운 음식을 추천하도록 할게요. 'sad_food'로 변경하는 것을 잊지 말고, 빈칸에 '닭볶음탕'을 입력합니다.

9. 이렇게 하면 'happy_food'의 리스트에는 달콤한 음식이, 'sad_food'의 리스트에는 매운 음식이 저장됩니다. 아래 그림처럼 리스트가 보입니다.

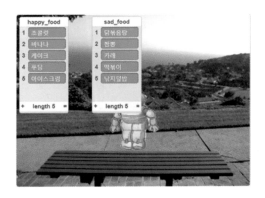

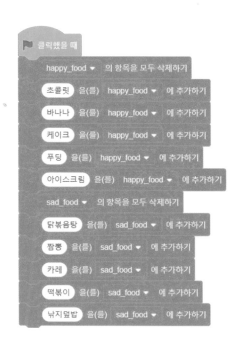

10. 리스트가 잘 만들어졌는지 확인했다면, 리스트를 숨겨 볼게요. 실제 프로그램이 작동할 때 리스트가 공간을 많이 차지하기 때문입니다. 'happy_food 리스트 숨기기', 'sad_food 리스트 숨기기' 블록을 추가해 줍니다.

리스트를 만들었으면, 인공지능 API를 사용해 볼까요? 첫 번째 프로젝트를 떠올리며  에 들어 있는 블록을 사용해 봅니다.

1. Text Training 의 Set Read API key to, Set Write API key to, Set username to, Choose text model 블록을 가지고 옵니다.

2. API Key, 여러분의 사용자 계정 이름, 모델 이름을 넣습니다. 책에 있는 값을 그대로 입력하는 것이 아니라, 여러분이 만든 고유의 값을 넣어야 합니다.

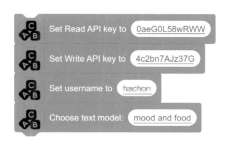

3. 꾸러미에서 '묻고 기다리기' 블록을 가지고 옵니다. 블록의 빈칸에 '너의 기분이 어떤지 영어로 적어주렴! 그러면 내가 알맞은 음식을 추천해 줄게'를 입력합니다.

이번에는 예측에 따라 다르게 음식을 추천해 줄 수 있도록 코딩해 줍니다. 대답이 'Happy' 카테고리에 속하는지 아니면, 'Sad' 카테고리에 속하는지 판단하고 알맞은 음식을 추천해 줍니다.

1. '만약 ~이라면', '( ) = ( )', 'What kind phrase is ?', '대답' 블록을 가지고 옵니다. 그다음 그림처럼 서로 합쳐 봅니다.

2. 좌측 그림처럼 연결한 뒤, 빈칸의 내용을 'Happy'로 변경해 줍니다. 대답한 내용이 이전에 학습한 'Happy' 카테고리(라벨)에 속하는지 확인하는 내용입니다.

3. 안녕을 2초 동안 말하기, apple과 happy_food 리스트의 1번째 항목, 1부터 5 사이의 난수 블록을 가지고 옵니다.

4가지 블록을 화살표처럼 합쳐 보세요.

4. 'banana'를 지우고 '은(는) 어때'를 입력합니다.

완성된 블록을 조건문 안에 끼워 넣습니다.

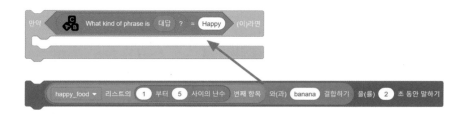

5. 대답을 'Happy' 카테고리에서 미리 학습시킨 내용과 비교한 뒤, 맞으면 happy_food 리스트의 5개 음식 중 무작위로 추천해 주는 코드입니다.

6. 기분이 슬플 때 음식을 추천하는 부분을 코딩해 봅니다. 일단, 위의 조건문과 똑같은 내용을 한 번 더 만듭니다.

7. 위아래 코드는 똑같아 보이지만 두 군데가 다릅니다. 빨간색과 노란색으로 표시한 부분을 유의해서 살펴보세요. 위의 코드는 Happy, happy_food로 아래의 코드는 Sad, sad_food로 되어 있어요. 이렇게 하면 슬픈 기분일 때 sad_food의 5가지 음식 중 하나를 무작위로 추천하는 코드까지 완성한 것입니다.

이제 모든 코드를 완성하였습니다. 코드를 연결한 뒤 시작하기 버튼을 눌러 프로그램이 잘 작동하는지 테스트해 보세요.

기분을 묻고 대답을 기다리는 모습   **대답을 입력하기**

**해당하는 기분에 알맞은 음식을
추천하는 모습**

여러분은 기분을 입력하면 알맞은 음식을 추천해 주는 챗봇을 만들었습니다. 이 프로젝트를 응용하면, 기분에 맞는 옷을 코디해 주거나, 음악을 추천하는 프로그램도 만들 수 있습니다. 다양한 상상을 통해 새로운 프로젝트에 도전해 보기 바랍니다.

✅ 한 걸음 더

감정 분석 음식 추천 챗봇에서 Happy, Sad 이외의 다른 감정을 추가하여 더욱 다양한 음식을 추천할 수 있는 챗봇을 만들어 보세요.

(단, 모델을 학습시킬 때 미리 기분 카테고리를 추가해야 합니다.)

What categories should your model have?

Happy

Enter 10 words for happy

Sad

Enter 10 words for sad

Neutral

Enter 10 words for Neutral

컴퓨터와
대화를 나눠요.

"안녕? 넌 이름이 뭐니?"라고 물으면 "안녕하세요, 제 이름은 000입니다."라고 대답하는 컴퓨터가 있습니다. 여러분 머릿속에 먼저 떠오르는 건 애플 '시리', 삼성 '빅스비', 아마존 '알렉사' 등의 최신 AI 서비스일 것입니다. 2020년을 살아가는 우리에게 자연어 처리 기술에 기반을 둔 AI 지능형 서비스는 매우 흔한 서비스가 되었습니다.

하지만 지금의 인공지능 이전에 우리와 대화를 주고받았던 프로그램이 있었습니다. 2002년에 개발된 심심이와 시간을 더 거슬러 올라가 1993년에 개발된 채팅 프로그램 맥스가 있었습니다. 지금은 옛 추억이 되어버린 PC통신 시대의 채팅 프로그램 '맥스', 인터넷의 보급과 함께 등장한 '심심이'는 사람 대 사람의 채팅이 아닌, 컴퓨터와 사람 사이의 채팅을 시도한 프로그램이었습니다. 현재의 관점으로 보면 그리 특별한 프로그램이라고 볼 수 없습니다. 하지만 두 프로그램이 등장한 당시에는 많은 사람이 관심을 가졌습니다.

초기 채팅 프로그램의 경우 사용자가 입력한 문장 중에 특정한 단어가 미리 입력된 단어와 일치하면 그에 맞는 대답을 출력하는 아주 간단한 방식으로 시작했습니다. 예를 들어 "어떤 색깔을 좋아하니?"라는 질문에 미리 입력된 색깔을 대답하는 방식이기 때문에 수준높은 대화를 할 수 있는 것은 아니었고, 더이상 발전하지 못했습니다. 왜냐하면 채팅 프로그램에서 진행되는 모든 단어와 문장을 일일이 프로그래머가 직접 입력해야 하는데, 사람들이 사용하는 방대한 양의 언어를 모두 사람이 직접 입력할 수 없기 때문입니다. 그리고 이 프로그램들은 단순히 문장을 단어별로 잘라서 그 의미를 이해하는 원리였기 때문에 복잡한 문장이나 낯선 단어의 질문에는 대답이 어색할 수밖에 없어 대화의 수준이 좀처럼 발전하지 못했습니다.

하지만 최근 이 채팅 프로그램, 챗봇들은 머신러닝 기술이 더해지면서 기존의 문제점을 빠르게 해결해 나가며 자연스러운 대화를 할 수 있게 되었습니다. 특히 '심심이'는 챗봇 사용자가 직접 문장을 가르치는 기능을 넣어 방대한 대화 목록을 구축하여 일상 대화 챗봇의 영역을 넓혀가고 있습니다. 심심이 제작사에 따르면 하루 2억 회 이상의 대화 응답 제공을 기록했고, 2천만 명 이상의 패널이 작성한 약 1억3천 쌍의 일상 대화 전용 세트를 가지고 있습니다. 여기에 AI기술을 활용해 악플 및 비속어 또는 금지 단어들을 걸러내고 있다고 합니다. 일상 대화가 가능해진 '심심이'의 다음 목표는 대화 전체의 문맥을 파악하는 것에 두고 있습니다.

과연 이 챗봇이 어디까지 발전할 수 있을까요? 이 책을 읽는 여러분이 AI 전문가가 되어 심심이에게 문맥을 파악하는 기능을 가르쳐주는 것은 어떨까요? 더 좋은 기술로 완성되어가는 챗봇의 모습을 기대합니다.

컴퓨터도 사람처럼 손으로 쓴 영어 글씨를 읽을 수 있을까요?
또, 읽어 낸 영어를 한국어로 번역도 해줄 수 있을까요?
인공지능을 이용하면 가능한 일이랍니다.
두 가지 기능을 이용해 여행자를 위한 손글씨 번역기를 만들어 봅시다!

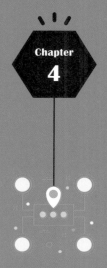

엠블록으로
AI 만들어 볼래?

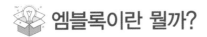

엠블록이란 뭘까?

여러분은 스크래치나 아두이노를 들어본 적이 있나요? 엠블록mBlock은 이러한 코딩 도구를 어린이가 쉽게 다룰 수 있도록 도와주는 프로그램입니다.

프로그래밍에 익숙하지 않은 친구들도 쉽게 블록을 조립해서 프로그램을 만들 수 있어요.

엠블록을 쓰는 까닭은 무엇일까요? 인공지능을 내 컴퓨터에서 직접 프로그래밍하는 것이 어렵기 때문입니다. 엠블록을 활용하면 기본적인 스크래치 기능 외에도 인공지능 관련 기능을 손쉽게 사용할 수 있답니다.

엠블록을 사용하면 아주 간단한 프로그래밍 지식만 있어도 AI를 활용한 응용 프로그램을 만들 수 있어요. AI 관련 기능을 하나씩 알아 나가고 프로젝트를 차근차근 따라 하다 보면 아주 멋진 프로그램을 완성할 수 있을 거예요.

mBlock.cc에 방문하기

인터넷에 'mBlock.cc'를 검색하면 홈페이지로 이동합니다. 영어지만 당황하지 말고 아래에 다운로드 버튼을 눌러 보세요.

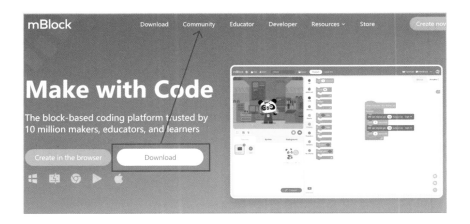

✅ 내 컴퓨터에 맞는 버전을 골라 다운로드하기

원도우Windows, 맥Mac, 리눅스Linux, iOS, 안드로이드Android, 크롬북Chromebook 등 내 컴퓨터의 운영체제에 알맞은 엠블록 소프트웨어를 선택한 후 다운로드합니다. 여기서는 윈도우를 활용합니다. 윈도우를 선택한 뒤 다운로드 버튼을 눌러 주세요.

사람처럼 글씨를 읽을 수 있다고?

앞에서 배웠듯이 인공지능은 사람이 할 수 있는 일을 컴퓨터가 해내는 것을 말합니다. 컴퓨터가 사람이 쓴 글씨를 읽는 것도 인공지능이라고 할 수 있습니다.

우리는 종이에 쓴 글씨를 쉽게 읽을 수 있지만, 컴퓨터는 흰색과 검은색을 나타내는 숫자 덩어리로만 보입니다. 이 숫자 덩어리는 색깔 혹은 밝기를 나타냅니다.

손글씨를 컴퓨터가 인식하는 모습

출처: https://ml4a.github.io/ml4a/neural_networks/

컴퓨터는 이러한 숫자 덩어리들을 수학적 방법으로 계산하기 시작합니다. 이 과정에서 수억 개의 계산이 생겨납니다. 수많은 계산을 거친 후에 가장 정선된 숫자들을 찾아냅니다. 이 정선된 숫자와 알고리즘을 이용해 진짜 손글씨를 잘 찾는지 테스트해 봅니다. 테스트 결과가 아주 잘 맞는다면 이것을 하나의 모델로 만듭니다. 이 모델을 적용하면 손글씨를 인식한 결과를 잘 찾아내게 됩니다.

손글씨 번역기를 만들어 볼까?

해외여행을 가면 새로운 경험에 마음이 두근두근 설레지만 그렇지 못한 친구들도 있습니다. 이리저리 둘러보면 온통 영어투성이여서 설레는 마음보다 두려움이 앞서기 때문이지요.

이런 친구들을 위해 글씨를 사진으로 찍기만 하면 저절로 글씨를 번역해 주는 앱이 많습니다. 이것을 'OCR 번역기'라고 합니다. 영어를 못 해서 곤란한 사람에게는 가뭄에 단비 같은 장치랍니다.

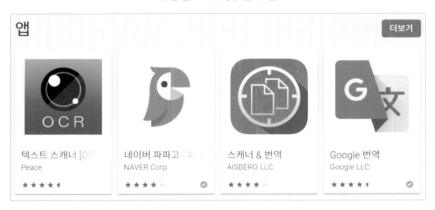

그런데 엠블록을 활용해 이러한 OCR 번역기를 여러분이 직접 만들 수 있다면 어떨까요? 이제부터 만드는 방법을 하나씩 살펴보겠습니다.

✅ 준비하기

필요한 준비물

노트북 혹은 데스크톱이 필요합니다. 노트북의 경우 웹캠이 기본적으로 달려 있어서 바로 프로젝트를 할 수 있습니다. 다만 데스크톱은 따로 웹캠을 구해야 합니다.

노트북	데스크톱

엠블록 회원 가입하기

엠블록의 확장 블록을 사용하기 위해서 회원 가입을 해야 합니다. 오른쪽 위의 프로필 아이콘을 누르면 가입할 수 있습니다. 다음의 절차대로 해 봅시다.

1. 프로필 아이콘 누르기
   - 가장 오른쪽 위에 있습니다.

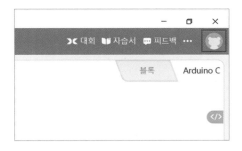

2. 아이디 입력하기

  – 사용할 아이디를 입력하고 다음을 클릭합니다.

3. 비밀번호 입력하기

  – 비밀번호를 입력한 다음 계정 만들기 버튼을 누릅니다.

엠블록이 가지고 있는 확장 블록 살펴보기

확장 블록은 USB라고 생각하면 됩니다. USB만 있으면 노트북에 내 스마트폰을 쉽게 연결할 수 있지요. 이처럼 확장 블록은 다양한 프로그램을 끌어올 수 있도록 도와주는 프로그램입니다. 그중에서도 우리는 인공지능 관련 확장 블록을 쓰겠습니다.

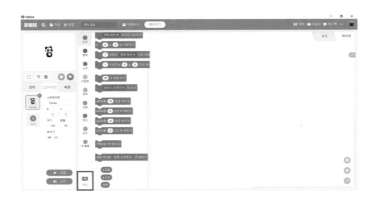

확장 블록 추가

확장을 선택하면 여러 가지 확장 블록이 보입니다. 그중에서 인식 서비스를 선택 해 줍니다. 인식 서비스란 인공지능이 마치 눈이나 귀가 달린 것처럼 사물을 잘 파악 하도록 해 주는 것입니다. '추가'를 눌러 주면 관련 블록들을 쓸 수 있게 됩니다.

다양한 확장 블록

인식 서비스를 추가해 주면 블록 꾸러미 맨 아래에 ⚙ 가 생깁니다.

AI 블록 꾸러미 속에는 이와 같이 주변 사물에 대한 '인식'과 관련된 다양한 블록들이 들어 있습니다. 글자 인식, 표정 인식 같은 블록이 들어 있습니다.

AI 블록 꾸러미   인식 관련 블록

손글씨와 관련 블록을 알아보기

우리가 이번 프로젝트에서 사용할 가장 중요한 블록은 다음과 같습니다.

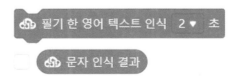

'필기한 영어 텍스트 인식 2초'는 말 그대로 영어로 된 손글씨를 감지하라는 내용입니다. 이렇게 네모난 블록은 무언가 명령하는 코드입니다.

'문자 인식 결과' 블록은 손글씨의 의미를 찾아낸 것을 저장하는 변수입니다. 쉽게 말하면 아까 인식한 손글씨의 글자를 상자 속에 따로 집어넣었다고 생각하면 됩니다. 언제든 꺼내어 쓸 수 있도록 말이지요.

손글씨를 학습시키는 것은 대단히 많은 사람의 글씨 사진이 필요하고, 글씨와 여백의 크기 등이 일정하지 않기 때문에 학습시키기가 어렵습니다.

그래서 엠블록에서는 이미 손글씨에 대해 학습된 알고리즘을 사용할 수 있도록 하는 코드를 제공하고 있습니다.

Piano

Pizno

prano

사람마다 필체가 다르기 때문에 다양한 데이터를 학습시켜야 합니다.

✅ 첫 번째 프로젝트: 손글씨 번역기 만들기

스프라이트와 배경 설정하기

프로그램을 작성하기 전에 알맞은 스프라이트와 배경을 만들겠습니다. 기본 스프라이트를 삭제하고 적절한 스프라이트를 추가합니다.

1. 스프라이트 탭에 'Panda'를 지웁니다. 'Panda' 그림의 오른쪽 위에 'X' 버튼을 누릅니다.

2. 새 스프라이트를 추가해 줍니다. 추가 버튼을 누릅니다.

3. 다양한 스프라이트 중 챗봇에 어울리는 그림을 골라 보세요. '판타지' 항목을 선택해 봅니다.

4. 로봇 모양의 스프라이트를 고릅니다. 판타지' 항목의 아래쪽에 위치한 'C-codey-rocky'를 고르고 확인을 눌러 줍니다.

5. 배경을 추가해 보세요. 배경을 선택한 다음 추가 버튼을 누르세요.

6. 알맞은 배경을 선택해 보세요. 첫 화면에 등장하는 'Bedroom4'를 선택하고 확인을 누릅니다.

7. 로봇의 위치를 조정해 보세요. 로봇을 마우스로 드래그 앤 드롭(끌어서 놓기)하여 적당한 위치를 찾아 주세요.

프로그래밍하기

최소한의 블록만으로 프로토타입을 만들어 볼까요? 순수하게 손글씨를 출력하는 아주 쉬운 형태의 프로그램을 만듭니다.

1. '스페이스' 키를 눌렀을 때, '필기한 영어 텍스트 인식 2초', '안녕 말하기' 블록을 순서대로 연결합니다. 그런 다음, 문자 인식 결과 블록을 '안녕!' 위치에 에 드래그 앤 드롭합니다.

2. 스페이스 바 키를 누르면, 영어 손글씨를 2초간 인식합니다. 문자 인식 결과(변수)를 말합니다.

이렇게 단 4개의 블록만으로 손글씨 인식이 가능합니다. 코드를 만들었으면, 정말 인식이 잘 되는지 테스트해 보겠습니다.

테스트를 위해 우선 포스트잇에 영어로 'bird'를 씁니다. 인식이 잘되도록 진한 펜으로 쓰는 것이 좋습니다.

스페이스 바를 누르면 이 프로그램이 동작합니다. 캠 화면이 나오고 캠에 숫자가 카운트됩니다. 숫자가 2, 1이 카운트되면 준비해 둔 포스트잇을 캠에 비춥니다.

캠 화면 등장

캠 화면에 포스트잇 글씨 비추기

142

잠시 후, 로봇이 'bird'라고 읽어 주는 모습을 볼 수 있습니다.

손글씨 번역 기능 추가하기

여러분은 방금 아주 간단한 손글씨 인식 프로그램을 만들었습니다. 사람이 글씨를 읽는 것은 간단한 일이지만 컴퓨터가 하기에는 어려운 일입니다. 인공지능은 이러한 문제를 편리하게 해결해 줄 수 있습니다.

이제 번역하는 기능을 추가해 볼까요?

또 다른 확장 기능을 추가합니다. 확장을 눌러 '번역Translate'을 찾아볼까요. 번역 기능은 맨 아래쪽에 있습니다. 처음엔 안 보이므로 마우스 휠을 이용해 밑으로 내려줍니다.

1. 처음에는 번역 확장 기능이 보이지 않습니다. 마우스 휠을 이용해 내리거나 오른쪽 내비게이션 막대를 아래로 내려 줍니다.

2. 맨 아래에 번역 기능을 찾을 수 있습니다. +추가 버튼을 눌러 보세요.

추가를 누르면 다음과 같이 '번역하기'라는 블록 꾸러미가 생기는 것을 확인할 수 있습니다.

번역하기 블록 꾸러미   **번역하기 관련 블록**

144

‘번역하기 ( ) 받는 사람 (영어)’ 블록은 동그란 모양입니다. 동그란 모양은 아까 설명한 것처럼 변수, 즉 내용을 담는 상자입니다.

‘문자 인식 결과’ 변수를 아래처럼 넣어 주세요. 손글씨를 저장한 상자를 번역하기 상자 속에 넣는 것입니다. 그다음 우리가 번역할 언어를 골라 줍니다. 기본이 영어로 되어 있으니 삼각형을 눌러 한국어로 변경합니다.

1. 번역하기 블록에 문자 인식 결과 블록을 가지고 온 다음, 그림처럼 합칩니다.

2. 기본은 영어로 되어 있으므로, 삼각형을 눌러 한국어로 변경해 줍니다.

3. 문자를 인식하고 한국어로 변형해 주는 블록이 완성되었습니다.

4. '스페이스 키를 눌렀을 때' 블록과 '필기한 영어 텍스트 인식 2초' 블록을 새로 만든 번역하기 블록과 연결합니다.

이처럼 영어로 된 손글씨를 인식한 뒤 한국어로 변경하고, 그것을 출력해 주는 프로그램을 완성할 수 있습니다.

스페이스 바를 누르고 아까처럼 테스트해 보세요. 이번에는 '새'라고 한국어로 번역하여 출력해 주는 것을 확인할 수 있습니다.

 →

캠 화면에 포스트잇 글씨를 비추면　　　　**한국어로 변환하여 말합니다.**

✅ 두 번째 프로젝트: 손글씨 음성 번역기 만들기

이 프로젝트는 학생들을 위한 학습용 손글씨 음성 번역 프로그램을 만드는 것입니다. 손글씨를 인식하여 읽어 주는 기본 기능은 비슷하지만, 재미있는 기능을 3가지를 추가하겠습니다.

1. 사용법을 알려 줍니다.

프로그램의 완성도를 높이려면 사용법을 안내하는 것이 중요합니다. 여러분은 프로젝트를 만든 사람이라 이해하기 쉽지만 사용하는 사람은 사용법을 알기 어렵습니다. 안내문, 아이콘 등을 활용하세요. 간단하지만 매우 중요한 내용입니다.

2. 한 글자씩 따로 읽어 준 뒤 전체 단어를 다시 한 번 읽어 줍니다.

영어를 잘 모르는 학생들을 위해 한 글자씩 따로 읽어 주고 전체를 읽어 준 다음 번역한 내용을 읽어 주게 만듭니다.

지금까지 프로젝트는 한 단어를 통째로 출력했습니다. 한 글자씩 따로 출력하려면 반복문과 변수를 사용해야 합니다.

3. 소리 내어 읽어 줍니다.

번역한 내용을 직접 소리 내어 읽어 주는 내용을 추가합니다. 역시 TTS^{Text To Speech}라는 확장 블록으로 간단하게 해결할 수 있습니다.

사용법 알려 주는 기능 만들기

시작하기를 클릭하면, 사용 방법을 안내해 주는 말이 각각 2초 동안 나옵니다.

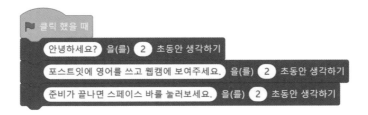

위와 같이 순서대로 안내문을 출력하도록 프로그램을 만들어 줍니다. 이 프로그램을 처음 하는 사람들은 포스트잇에 무언가를 써야 한다는 사실과 여러분이 스페이스 바를 웹캠 촬영 버튼으로 했다는 사실을 모르기 때문에 안내 문구를 만들어야 합니다.

한 글자씩 따로 읽어 준 뒤 전체 단어를 다시 한 번 읽어 주기

먼저 글자 순서를 확인할 수 있는 변수를 만들어 보세요. 변수를 선택한 뒤, '변수 만들기'에서 변수 이름은 '글자 순서'로 정합니다.

변수 선택하기   변수 만들기   변수 이름 정하기

변수를 만들었으면, 먼저 글자 순서를 '0'으로 해야 합니다. 왜 처음에 변수를 0으로 해야 하는지 생각해 보세요.

게임을 시작하면 점수를 항상 0점에서 시작해야 하는 까닭과 같습니다. 게임을 하다 1,500점에서 끝났다고 가정해 볼게요. 다시 게임을 켰을 때 또 1,500점에서 시작하면 문제가 있는 게임입니다. 이러한 문제를 예방하기 위해 게임을 시작할 때는 항상 0점으로 점수를 되돌려 놓습니다. 이것을 시작할 때마다 처음으로 돌아간다고 해서 '초기화'라고 부릅니다.

시작하기를 클릭하면, 글자 순서가 0으로 초기화됩니다.

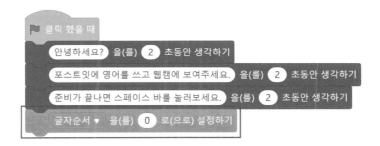

이번에는 웹캠의 글자 수가 계속 바뀌어도 문제가 없도록 반복문을 써서 코드를 만들어야 합니다. 반복문 횟수는 '글자 순서'만큼만 이루어지면 됩니다. 그리고 글자 순서는 하나씩 커지게 하면 됩니다.

1. 스페이스 바를 누르면 손글씨를 인식합니다.

2. 글자 개수만큼 반복하기를 수행합니다.

3. 글자 순서를 1만큼 바꾸어 줍니다.(i=i+1) 인식한 단어에서 특정 순서의 글자를 말해 줍니다. 이 코드를 반복문 안에 끼워 넣습니다.

4. 위의 코드를 연결하면 이렇게 됩니다.

5. 인식한 전체 단어를 한 번에 말해 줍니다.(이 코드는 반복문 바깥에 위치시킵니다.)

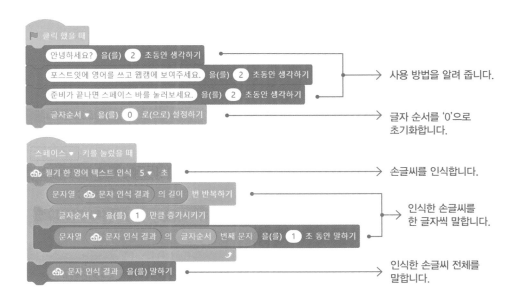

이 실행 코드와 초기화 코드를 결합해 보세요. 다음과 같은 코드가 됩니다. 코드가 완성되면 실행해 보고 결과가 올바르게 잘 출력되는지 점검해 보세요.

테스트를 해 보면 다음과 같이 한 글자씩 순서대로 출력된 뒤 최종 단어가 출력됩니다.

b, i, r, d를 하나씩 출력한 뒤 bird 라고 읽어 주는 모습

소리를 출력하게 하기

이제 한 단계만 더 추가하면 됩니다. 이번에는 번역한 뒤 한국어로 소리를 들려주는 블록을 추가합니다. 확장 기능에서 Text to Speech^TTS 기능을 추가합니다.

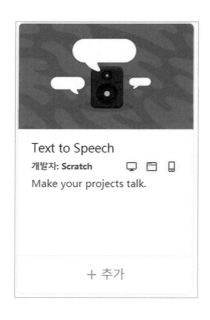

152

확장 기능 Text to Speech^{TTS}를 추가하면 '텍스트 음성 변환'이라는 블록 꾸러미가 생깁니다.

TTS 블록 꾸러미　　　　　　　　　　　**TTS 관련 블록**

음성 출력 기능을 만들어 보세요.

1. 말할 (안녕하세요) 블록에 문자 인식 결과를 순서대로 출력하는 블록을 결합합니다.

2. 코드를 결합한 모습이에요.

3. 이렇게 만든 블록을 반복문 안에 넣습니다. 그러면 글자가 한 개씩 나오면서 동시에 소리도 출력됩니다.

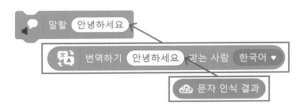

4. 문자 인식 결과를 '번역하기' 블록에 넣고, 그것을 다시 '말할' 블록에 넣습니다.

5. 코드를 결합한 모습이에요.

6. 번역된 결과를 소리로 말합니다. 이 코드를 반복문 안에 끼워 넣습니다.

지금까지 만든 코드를 하나로 연결해 볼까요?

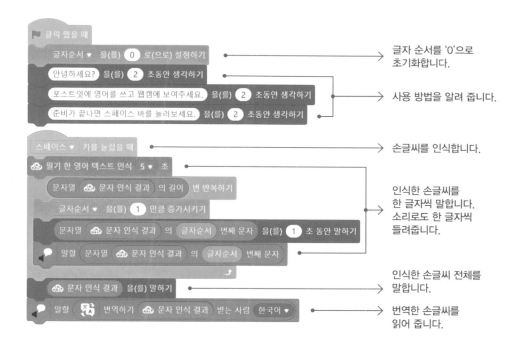

지금까지 손글씨 음성 번역기를 만들었습니다. 친구들과 학생들에게 테스트해 보세요. 이 프로젝트에 더 재미있는 기능을 추가할 수도 있습니다. 애니메이션을 추가하거나 용도를 달리하여 새 프로젝트를 만들 수도 있어요.

한 걸음 더

손글씨 음성 번역기 프로젝트를 발전시켜 한국어뿐 아니라 다양한 언어(일본어, 중국어)로 번역해 소리 내어 읽어 주는 프로그램을 만들어 보세요.

번역하기

AI가
법률 서비스를 제공한다고?

2019년 8월 제1회 '알파로 경진대회Alpha Law Competition'가 열렸습니다. 대결의 내용은, '제한 시간 내 법률 문제를 누가 더 빨리 검토할 수 있는가?'였습니다. 참가자들은 AI와 사람이 팀을 이루기도 하고, 사람만으로 팀을 이루기도 했습니다.

이 대회의 결과는 어떻게 되었을까요?

결과는 1~3등 모두 AI와 사람이 짝을 이룬 팀이 차지했습니다. AI를 활용한 팀은 검토 및 분석까지 7초가 걸린 반면, 변호사만으로 이루어진 집단은 20~30분이 걸렸기 때문입니다. 이것은 이제 AI가 법률 분야에도 충분히 활용될 수 있음을 보여 주는 사례라고 할 수 있습니다.

바야흐로 리걸 테크Legal Tech의 규모가 커지고 있습니다. 리걸 테크는 법률Legal과 기술Technology의 합성어로 법률 서비스에 소프트웨어, 인공지능 등의 기술이 도입되는 것을 말합니다. 최근 AI의 성장으로 리걸 테크는 일상에서 점점 영역을 넓혀 나가고 있습니다.

앞으로는 AI가 변호사의 반복 업무를 자동화로 도와주거나, 법을 잘 모르는 일반인에게 정보를 제공해 줄 수도 있습니다. 또한, 법률 관련

서류를 대신 작성해 주는 일을 할 수도 있습니다.

AI가 법률 서비스를 제공한다고 하면 장래에 변호사나 검사를 꿈꾸는 친구는 진로를 포기해야 할까요? 그렇지는 않습니다. 판례가 없는 사건이나 사회적으로 민감한 사안처럼 중요한 의사결정을 AI에게 온전히 맡기기는 어렵습니다. AI가 법률 서비스를 잘 검색하고 찾아내는 일은 인간보다 뛰어난 능력을 발휘할 수 있지만, 인간이 더 잘할 수 있는 분야가 여전히 존재하기 때문입니다.

여전히 사람이 개입해야 할 부분이 많습니다. 따라서 어떻게 AI를 효율적으로 활용할 수 있는지를 고민하는 것이 중요합니다.

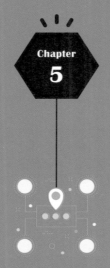

키튼블록으로
AI 만들어 볼래?

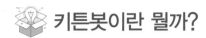 # 키튼봇이란 뭘까?

키튼블록Kitten Block은 키튼봇Kittenbot의 블록 프로그래밍 소프트웨어입니다. 그레이스Grace와 스노우Snow라는 두 마리 고양이를 키우다가 설립했다는 키튼봇 회사는 교육자, 학생, 초보자가 프로그래밍을 쉽게 접할 수 있도록 여러 가지 도구를 개발합니다. 키튼블록은 스크래치3을 기반으로 다양한 AI 확장을 포함하면서도 회원 가입과 로그인을 따로 할 필요 없이 무료로 프로그램을 내려받아 간단하게 실행할 수 있습니다.

✅ kittenbot.cc에 방문하기

인터넷에 'kittenbot.cc'를 검색하면 홈페이지로 이동합니다. 상단 중앙 메뉴에 Home, Catalog, Software, Community가 보입니다. 여기에서 메뉴의 'Software'를 클릭하여 소프트웨어 다운로드 페이지로 이동합니다.

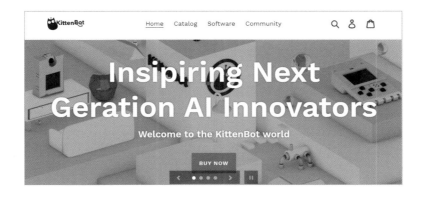

✅ 내 컴퓨터에 맞는 버전을 골라 다운로드하기

소프트웨어 다운로드 페이지에 들어가면 스크래치를 기반으로 한 키튼블록 화면이 소개되어 있습니다. 화면 아래의 Windows : [⬇ kittenblock 1.84 (356 MB)] Mac : [⬇ kittenblock 1.84 (388 MB)] 에서 컴퓨터 사양인 윈도우와 맥에 따라 알맞은 소프트웨어를 다운받으세요. 설치를 완료한 후 바탕화면에 만들어진 키튼블록 아이콘(🐱)을 확인합니다.

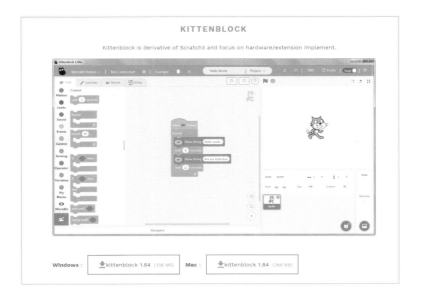

사람의 얼굴을 인식할 수 있다고?

　스노우 앱을 알고 있나요? 스노우 앱은 사용자의 사진과 영상을 활용한 신기하고 재미있는 증강현실 앱입니다. 다양한 가상의 물체가 나의 움직임에 맞추어 내 신체 위치에 딱 맞게 위치를 바꿉니다. AI 덕분에 스노우 앱의 증강현실이 가능했습니다. AI가 사용자의 얼굴 위치를 실시간으로 인식하고 실제 모습에 가상의 사물이나 정보를 입히는 것입니다.

　키튼블록으로도 AI를 활용하여 증강현실을 구현할 수 있습니다. 지금부터 같이 해 볼까요?

야, 너도 얼굴 인식 AI 만들 수 있어!

준비하기

필요한 준비물

노트북 혹은 데스크톱이 필요합니다. 노트북의 경우 웹캠이 기본적으로 달려 있어서 바로 프로젝트를 할 수 있습니다. 다만, 데스크톱의 경우에는 따로 웹캠을 구해야 합니다.

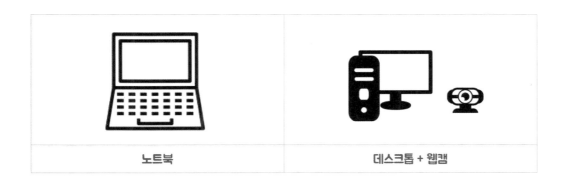

노트북	데스크톱 + 웹캠

키튼블록의 AI 확장 블록 살펴보기

키튼블록은 한국어를 포함한 다국어를 지원하고 있으며 스크래치 기반으로 만들어졌습니다. 스크래치, 아두이노, 마이크로빗, IoT, 로봇, AI, 레고 등과 호환되는 다양한 확장 기능을 가진 블록을 지원합니다. 현재 국제적으로 초등학교와 중학교의 대부분 컴퓨터 정보기술 과정은 스크래치를 활용하고 있으며, 키튼블록도 AI 기술을 스크래치 블록으로 변환하여 초등학생도 AI를 쉽게 활용할 수 있도록 개발했습니다.

AI로 구분된 확장 블록은 음성 인식, 번역, 얼굴 AI가 있습니다. A로 분류되지는 않았지만 비디오 감지에서 얼굴 인식, 텍스트 음성 변환(TTS), ml5(포즈넷) , 텐서플로우(TensorFlow: 구글에서 개발하여 공개한 딥러닝/머신러닝을 위한 오픈소스 라이브러리) 등도 AI로 동작하는 확장 기능입니다. 단, 모든 블록이 한국어로 변환되어 있지는 않으며 영어로만 된 블록들도 있습니다.

키튼블록의 AI 관련 확장 블록

✓ 얼굴 인식 AI 프로젝트와 관련된 블록 알아보기

이 중에서 우리가 프로젝트에 활용할 주요 AI 확장 블록은 비디오 감지와 ml5, 텍스트 음성 변환입니다. 머신러닝을 통해 학습한 AI는 마치 사람과 같습니다. 사람의 눈으로 세상을 보듯 카메라로 본 이미지를 통해 사람의 얼굴을 인식할 수 있습니다. 글자를 음성으로 바꾸어 줄 수도 있습니다.

텍스트 음성 변환^{TTS} 기능

네이버 지식 백과에서는 TTS를 '문자 음성 자동변환 기술'이라고 설명합니다. TTS는 미리 녹음된 육성을 이용하는 음성 서비스와는 달리 문자 자체를 바로 소리로 바꿔 전달합니다. 지하철이나 버스 정류장의 안내 방송, 아파트의 관리사무소,

ATM 기기에서 나오는 목소리, ARS 음성 등이 모두 TTS 기술로 만들어 낸 목소리입니다. 키튼블록의 TTS 아이콘과 블록은 다음과 같습니다.

AI 확장 블록	활용 블록	기능 설명
텍스트 음성 변환	안녕 말하기	텍스트를 삽입하면 음성으로 변환합니다.
	음성을 중고음 로 정하기	음성을 중고음, 중저음, 고음, 저음, 고양이로 설정합니다.

비디오 감지 얼굴 인식 기능

키튼블록은 비디오 감지 확장 기능에서 얼굴 찾기, 눈, 코, 입의 위치 정보 및 안면 증강현실을 제공합니다. 사람 얼굴 위치를 파악하여 가상의 마스크를 얼굴에 씌울 수 있습니다.

AI 확장 블록	활용 블록	기능 설명
	비디오 켜기	비디오를 켭니다.
비디오 감지	비디오 투명도를 50 (으)로 정하기	비디오의 투명도를 조정합니다.
	turn face detect on	얼굴 탐지를 켭니다.
	Put On Mask ironman	아이언맨 증강현실 마스크를 씌웁니다. 해골, 오드리 햅번 등 여러 마스크를 제공합니다.

포즈넷: Machine Learning5ml5

키튼블록은 다양한 머신러닝 텐서플로우 라이브러리를 제공합니다. 그중 머신러
닝으로 학습한 ml5 포즈넷PoseNet 모델을 사용하면 사용자의 행동을 인식할 수 있
고, 특별한 센서 장치 없이도 카메라만을 통해 총 17개의 신체 부위의 위치 정보를
제공합니다.

AI 확장 블록	활용 블록	기능 설명
	PoseNet Init	포즈넷을 준비합니다.
ml5 포즈넷	PoseNet Detect	신체의 특징적 부분을 인식해 포즈를 찾습니다.
	PoseNet Position nose value x	신체의 다양한 부분과 얼굴의 눈, 코, 입 등의 위치(x, y) 정보를 제공합니다.
	Feature Extract	이미지에서 사람을 구분하기 위한 특징적 부분을 추출합니다.

PoseNet Position은 아래의 그림과 같이 LeftAnkle(왼쪽 발목)부터 rightWrist(오
른쪽 손목)까지 총 17개의 신체부위를 인식합니다.

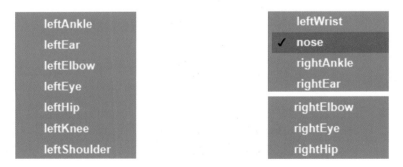

키튼블록 머신러닝 포즈넷 17개 신체 인식 부위

✅ 첫 번째 프로젝트: 아이언맨의 코를 좋아하는 고양이 만들기

아이언맨의 코를 좋아하는 고양이 만들기 프로젝트는 키튼블록의 비디오 감지 확장의 AI 얼굴 인식 기능을 활용합니다. 사용자의 얼굴을 감지하고 아이언맨의 마스크를 입히는 증강현실과 코의 위치 정보를 고양이가 실시간 알려 주는 프로젝트를 실행하여 보세요.

비디오 감지 기능 확인하기

1. 키튼블록의 왼쪽 메뉴 하단에 위치한 확장 블록 █을 클릭하여 비디오 감지 확장 기능 블록을 다운로드합니다.

2. 비디오 감지 블록은 다음과 같습니다. 한글로 된 블록들과 영어로 된 블록들이 있습니다. 다양한 블록 중에 우리가 필요한 것은 다섯 번째 블록인 'turn face detect'라는 블록입니다. 이 블록은 비디오가 얼굴을 인식하여 찾아 주는 기능을 합니다.

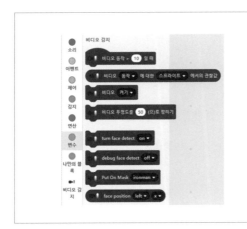 

> **tip** 키튼블록을 열기 전에 USB 카메라를 연결하고 USB 카메라가 사용 가능한지 확인합니다. 확장을 추가하면 즉시 스테이지 배경에 카메라가 찍고 있는 화면이 나타납니다. 만일 카메라 화면이 나타나지 않는다면 카메라가 성공적으로 작동하지 않았거나 다른 소프트웨어가 카메라를 사용하는 것입니다. 이럴 경우에는 모든 프로그램을 끄고 다시 키튼블록만을 실행시켜 보세요.

얼굴에 마스크 입히기

1. 'turn face detect' 블록을 'on'으로 활성화하여 사용자의 얼굴을 인식합니다. 얼굴의 윤곽에 따라 녹색 점과 선이 그려지면서 얼굴이 알맞게 인식되었는지를 알 수 있습니다.

tip 아래의 'debug face detect(얼굴 찾기 오류감지)' 블록은 얼굴이 잘 감지되었는지를 확인하기 위해 보이는 녹색 점과 선을 보이지 않게 할 때 사용됩니다. 이 블록은 위에서 쓴 'turn face detect' 얼굴 감지의 'off' 기능과 다릅니다. 얼굴이 잘 감지되었는지 확인하는 표시인 녹색 점과 선만을 사라지게 합니다.

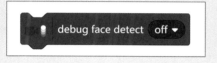

2. 'Put On Mask' 블록을 클릭하면 여러 가지 마스크 중 한 가지를 선택할 수 있습니다. 여기에서는 아이언맨 마스크를 선택합니다. 물론, 다른 마스크가 좋은 친구는 자유롭게 선택해 보는 것도 재미있겠죠!

tip 사용자가 카메라와 약간 떨어진 거리에 있을 때 마스크가 더 잘 입혀질 수 있습니다.
마스크는 기본 무대 크기에서 작동합니다. 무대 크기를 작게 하거나, 전체화면으로 하는 경우, 마스크가 정상 동작을 하지 않습니다.
어두운 환경이나 성능이 낮은 웹캠의 경우에도 마스크가 잘 작동하지 않습니다.

코의 가로 위치를 말하는 고양이 만들기

스크래치의 다양한 일반 블록 꾸러미와 결합하여 아이언맨의 코의 가로 위치를 말하는 고양이를 만들어 봅니다.

1. '제어' 블록 꾸러미의 '무한 반복하기' 블록과 '형태' 블록 꾸러미에서 '말하기' 블록을 불러옵니다.

2. 위의 블록에 비디오 감지 블록 중 'face position(얼굴 위치)+좌표' 블록을 끼워 움직이는 코의 가로에서의 위치(x)를 찾아 반복하며 말해 주는 코딩을 합니다.

'face position(얼굴 위치)+좌표' 블록을 조금 더 자세히 설명하자면, 다음과 같습니다.

눈, 코, 입 등 얼굴의 7개 부위의 위치 정보를 제공합니다.

x는 가로 위치입니다. x를 클릭하여 y로 변경하면 세로 위치 정보를 제공합니다.

tip 무대에서 각 위치는 좌표(가로, 세로에서의 위치값)로 표현됩니다. x는 대상의 가로에서의 위치이고, y는 대상의 세로에서의 위치입니다. 가운데 x가 0, y가 0인 지점을 기준으로 무대에서의 위치를 x와 y의 좌표값으로 나타낼 수 있습니다.

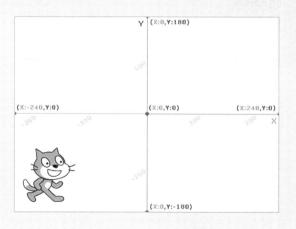

3. 전체 블록을 다음과 같이 연결해 보세요.

4. 실행 결과를 확인합니다.

스페이스 키를 눌렀을 때, 코의 움직임에 따라 고양이가 가로 위치(x 좌표)를 말하는 것을 볼 수 있습니다.

✅ **두 번째 프로젝트: 해골 마술사 만들기**

해골 마술사 프로젝트는 키튼블록의 AI 얼굴 인식 기능과 AI 포즈넷을 활용합니다. 이전 프로젝트는 비디오 감지 확장을 통해 얼굴을 인식한 후 마스크를 씌우고 코의 위치 정보를 파악했습니다. 이번에는 비디오 감지 확장을 마스크 적용에만 활용하고 코의 위치 정보는 사용자의 17개 신체 부위의 위치를 알려 주는 포즈넷을 활용합니다. 코의 위치를 기준으로 머리의 위치 부분에 마법사의 모자를 씌웁니다. AI 글자 음성 변환도 활용합니다. 마술사는 누군가의 진로이자 꿈일 수도 있겠죠! 여러분도 본 프로젝트를 학습한 후 자신의 꿈과 어울리는 자신만의 증강현실 프로그램을 만들어 보는 것은 어떨까요?

AI 확장 기능 선택하기

1. 키튼블록에서 얼굴을 인식한 후 마스크 적용을 위한 비디오 감지와 코의 위치 정보 파악을 위해 앞에서 활용한 비디오 감지 기능과 더불어 ml5 확장 기능 및 음성 안내를 위한 텍스트 음성 변환 확장 기능을 선택하여 다운받습니다.

해골 마술사 만들기

1. 마술사의 모자 스프라이트를 준비합니다.

1-1 기본 고양이 스프라이트를 사용하지 않음으로 스프라이트 오른쪽 위의 'x' 버튼을 클릭하여 삭제합니다.

1-2 왼쪽 아래 화면에 위치한 고양이 아이콘을 클릭하면 다양한 메뉴가 나옵니다. 여기에서 '스프라이트 고르기'를 클릭합니다.

1-3 다양한 스프라이트 중 마술사와 어울리는 스프라이트를 선택하여 추가합니다.

Wizard Hat

1-4 스프라이트 설정 메뉴에서 크기 및 방향 등을 수정합니다.

174

tip
꿈과 관련된 이미지를 직접 그리거나 그림 파일을 업로드할 수 있습니다.

2. 비디오 감지를 클릭하여 카메라의 이미지가 나타나게 합니다. 처음에는 화면이 선명하게 보이지 않습니다. 화면을 선명하게 하려면 다음과 같이 코딩하여 비디오 투명도를 0으로 설정해 보세요.

3. 포즈넷을 시작하기 위해 다음과 같이 블록을 연결합니다.

4. 포즈넷 블록은 머리의 위치 정보를 제공하지 않으므로 코의 위치를 먼저 파악합니다. 코의 가로 위치(x)와 세로 위치(y)로 코의 좌표를 파악할 수 있도록 다음과 같이 코딩합니다.

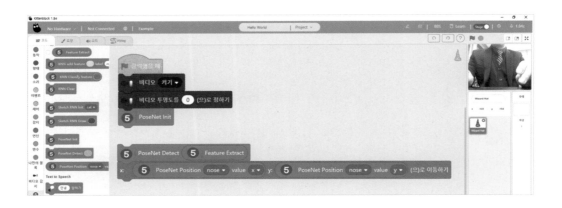

5. '제어' 블록 꾸러미의 '무한 반복하기' 블록을 불러와서 '동작' 블록 꾸러미의 '…으로 이동하기' 블록과 결합합니다. 이렇게 하면, 마법사 모자가 포즈넷이 코의 위치를 파악한 정보에 따라 무한 반복하며 따라다니게 됩니다.

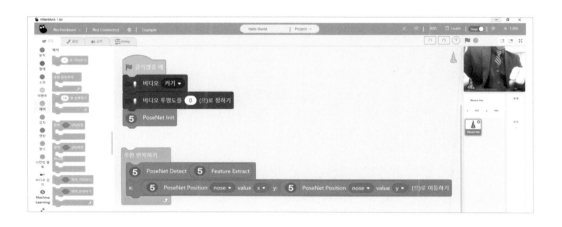

6. 모자를 코가 아닌 머리에 씌우기 위해 '연산' 블록 꾸러미를 활용하여 코의 세로에서의 위치(y)에 120의 값을 더합니다.

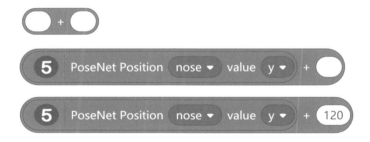

177

tip 포즈넷은 머리의 위치 정보는 제공하지 않습니다. 하지만 코의 위치를 기준으로 세로에서 위치(y)값을 더해 줌으로 코에서 위쪽인 머리의 위치를 표시할 수 있습니다.

머리 위치 = 코 위치 +120(여기서 120의 위치 이동 값은 사람마다 다릅니다.)

7. 앞에서 해 본 것처럼 얼굴을 인식하고, 해골 마스크를 씌우는 블록 코딩을 합니다.

turn face detect on ⟶ 얼굴 인식 기능을 켭니다.

Put On Mask skull ⟶ 해골 마스크를 씌웁니다.

음성 인식 기능 추가하기

1. 아브라카다브라, 마술사를 표현하는 멋진 표현의 글을 고음의 음성으로 변환해 말해 봅니다. 여기에서 활용할 AI 확장 블록은 텍스트 음성 변환기, 즉 TTS^{Text to Speech} 블록 꾸러미입니다.

2. 'Text to Speech' 블록 꾸러미의 블록들은 다음과 같은 기능을 합니다.

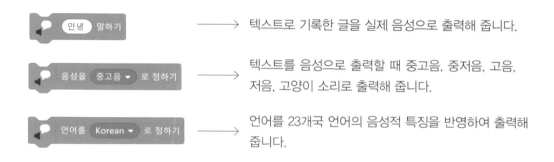

tip

언어를 Korean 로 정하기 블록은 글을 번역하여 말해 주는 기능이 아니라 23개 언어의 높낮이와 억양을 반영한 음성을 출력해 준다는 뜻입니다. 예를 들어 영어로 'Hello'를 말하게 했을 경우, 한국어로 정하여 출력하면 한국식 발음대로 소리가 나오고, 영어로 정하여 출력하면 영어 원어민의 발음대로 출력되며, 일본어로 정하면 일본 사람이 영어로 말하는 듯한 음성이 출력됩니다.

179

3. 이번에는 다음과 같이 음성을 고음으로 정하고, 원하는 글을 적어 넣습니다.

4. '소리' 탭에서 마술사와 어울리는 배경음악을 찾아 무한 반복 재생합니다.

tip 우리는 이미 '녹색 깃발을 클릭했을 때' 이벤트를 사용했습니다. 그런데 하나의 프로그램에 또 '녹색 깃발을 클릭했을 때'를 사용하고 있습니다. 이것을 컴퓨터에서는 병렬처리라고 합니다. 컴퓨터가 두 가지 이상을 동시에 처리할 수 있다는 뜻입니다.

하지만 사실 컴퓨터는 한 번에 하나밖에 처리할 수 없습니다. 단지 처리 속도가 매우 빨라 순식간에 두 개의 '녹색 깃발을 클릭했을 때'를 오가며 이쪽저쪽을 하나씩 차례대로 처리하는 것이 사람에게는 동시에 처리하는 것으로 느껴집니다.

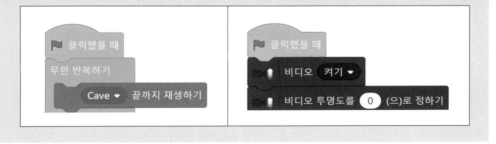

5. 전체 블록을 연결하고 정상으로 작동하는지 확인합니다.

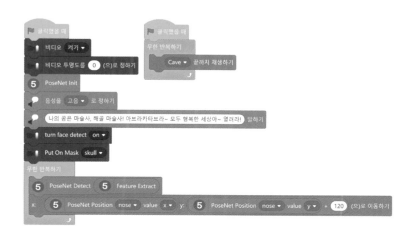

tip 프로그램이 정상적으로 잘 작동하는지 확인하고 이를 고치는 것을 '디버깅'이라고 부릅니다. 실수를 고쳐 나가며 완성된 프로그램을 만들어 가는 것입니다.

6. 실행 결과를 확인합니다.

프로그램을 실행합니다. 멋진 배경음악이 흐르고 얼굴이 해골로 변하며 얼굴의 움직임에 따라 마법사의 모자가 이리저리 따라오는 모습을 확인할 수 있습니다.

7. 여러분은 기존의 블록프로그램으로는 할 수 없었던 포즈넷, 얼굴인식의 인공지능 및 텍스트 음성 변환을 활용한 프로그램을 만들었습니다. AI라고 하여 거창하고 어려운 것만은 아닙니다. 자신이 만들고자 하는 프로젝트에 AI가 잘하는 것, AI가 제공하는 기능들로 해결할 수 있다면 찾아 블록을 연결하여 활용하면 됩니다.

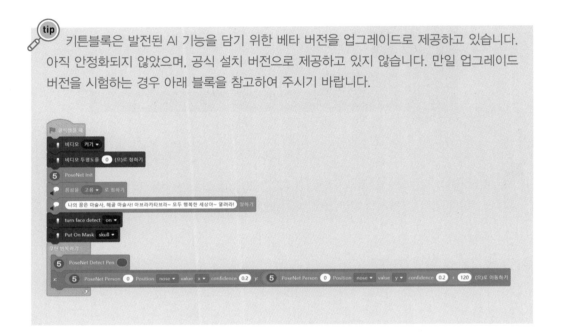

tip 키튼블록은 발전된 AI 기능을 담기 위한 베타 버전을 업그레이드로 제공하고 있습니다. 아직 안정화되지 않았으며, 공식 설치 버전으로 제공하고 있지 않습니다. 만일 업그레이드 버전을 시험하는 경우 아래 블록을 참고하여 주시기 바랍니다.

✅ 한 걸음 더

배운 내용을 활용하여 🐉 스프라이트를 마법사의 어깨에 머물며 불을 뿜는 용 친구(Dragon Pet) 코드를 구상해 보고 프로그래밍해 봐요.

Dragon

AI 활용과
개인정보

우리가 만든 프로그램은 얼굴 인식에 기반하여 작동합니다. 입력되는 나의 얼굴 이미지 정보는 클라우드의 인터넷 공간에 전송됩니다. 이 개인정보는 어떻게 사용될까요? 일반적으로는 다시 얼굴 인식의 정확성을 높이는 데 사용됩니다.

하지만 여러분에게 인기 있는 앱 중의 일부는 수많은 사용자의 정보를 과도하게 수집해 중국 정부가 이 정보를 쉽게 이용할 수 있다는 문제가 식별되었습니다. 이에 미 육군은 개인정보 유출이 우려되어 사용을 전면 금지했습니다.

여러분은 실생활에 유용한 프로그램을 만들고 싶을 뿐 자신의 개인정보를 다른 곳으로 보내고 싶은 것은 아니겠지요?

우리는 일생 생활에서 다양한 앱과 인터넷 서비스를 사용하고 있습니다. 여러분이 하나의 앱을 설치할 때 많은 동의를 하게 됩니다. 그 내용 안에는 여러분의 개인정보를 활용하겠다는 내용이 담겨 있습니다.

우리가 하나의 서비스를 이용할 때는 그 서비스의 유용성과 함께 자신의 개인정보가 어떻게 다루어질 것인가를 깊이 있게 생각하며 신중하게 선택해야 합니다.

프로그램에서 자신의 얼굴을 사용할 때는 정확히 자신의 개인정보인 얼굴 정보가 활용되는 것임을 분명히 인지하고 활용해야 합니다.

얼굴 인식의 다양한 활용

우리가 만든 프로그램은 얼굴을 인식한 후 눈, 코, 입 등의 위치 정보에 기반하여 작동합니다. 또한 발달된 얼굴 인식은 그 외 다양한 감정을 인식하고, 나이, 성별 등의 정보를 제공합니다. 이를 활용하여 얼굴 인식 금융 결제, 얼굴 인식 출입자 구분, 범죄 테러 용의자 추출, 감정 인식 자동차 가상 비서 등에 사용합니다.

여러분이 만든 AI 프로그램을 적용하여 움직이는 로봇을 만들어보면 어떨까요?
모니터 화면에서만 작동되는 프로그램을 실제로 움직이게 하고 싶지 않나요?
그동안 학습한 것을 토대로 AI 프로그램이 탑재된 로봇을 만들어 봅시다!

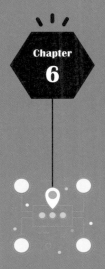

AI 로봇
만들어 볼래?

AI 로봇이란 뭘까?

"오늘 날씨 좀 알려 줘."

"현재 서울의 날씨는 맑으며, 기온은 19℃입니다."

여기서 대화하는 사람들은 누구일까요? 마치 사람들끼리 대화하는 것 같지만 놀랍게도 사람과 AI 스피커의 대화입니다. AI 스피커는 기존의 스피커에 AI 기능을 탑재하여 사용자와 음성으로 의사소통할 수 있는 스피커입니다. 이렇게 AI 기술이 적용된 로봇을 'AI 로봇'이라고 합니다.

아마존 에코   구글 홈

직접 만든 AI 프로그램을 적용하여 실제로 움직이는 로봇을 만들면 어떨까요? 위에서 소개한 AI 로봇만큼은 아니지만 직접 만든 AI 프로그램을 탑재한 AI 로봇을 만드는 것은 굉장히 신나는 일일 것입니다.

아두이노는 AI 로봇을 만들기에 적절한 도구 중 하나입니다. 아두이노는 작은 컴퓨터라고 생각하면 되는데 다양한 부품을 연결하여 프로그래밍하면 센서를 통해 주변을 인식할 수 있고 장치가 작동되기도 합니다. 따라서 손과 가까워지면 자동으로 열리는 휴지통이나 물이 부족하면 자동으로 물을 주는 스마트 화분, 아두이노를 이용한 자동차 등을 만들 수도 있습니다.

아두이노

아두이노 자동차

사람처럼 물건을 분류할 수 있다고?

'구글 실험'(https://experiments.withgoogle.com)에서는 여러 가지 재미있는 실험들을 소개합니다. AI를 이용한 실험들도 있는데 Chapter 1에서 다룬 티처블 머신도 그중 하나랍니다. 그 외에도 다양한 AI 실험들이 있지만, 그중 Google Creative Lab에서 제작한 'Tiny Sorter'를 소개하려고 합니다.

Tiny Sorter는 바구니에 담긴 이미지를 인식하여 좌우로 물체를 분류하는 장치입니다. 여기서는 시리얼과 마시멜로 이미지를 티처블 머신을 이용하여 학습합니다. 그리고 연결된 아두이노의 서보모터를 이용해 시리얼과 마시멜로를 좌우로 분류합니다.

Tiny Sorter는 작고 간단한 장치이지만 AI 프로그램이 탑재되었기 때문에 AI 로봇이라고 부를 수 있습니다. 간단한 AI 로봇을 만드는 것은 어렵지 않습니다. 앞에서 공부한 블록 코딩 프로그램과 아두이노와 같은 피지컬 컴퓨팅 도구를 이용한다면 여러분도 간단한 AI 로봇을 만들 수 있습니다.

야, 너도 Tiny Sorter 만들 수 있어!

Tiny Sorter를 만들려면 물리적인 동작을 수행할 수 있는 서보모터^{Servo Motor}가
필요합니다. 서보모터는 DC모터에 회로와 기어를 추가하여 0~180° 각도로 회전운
동을 할 수 있게 만든 모터입니다.

서보모터를 사용하려면 아두이노를 이용해야 합니다. 아두이노는 엠블록 또는 키
튼블록과 연결하여 사용할 수 있습니다. 한글이 잘 적용된 엠블록의 아두이노 블록
과는 달리 키튼블록의 아두이노 블록은 영어로 되어 있어 다루기가 쉽지 않습니다.
따라서 엠블록과 아두이노를 통해 Tiny Sorter를 만들어 보겠습니다.

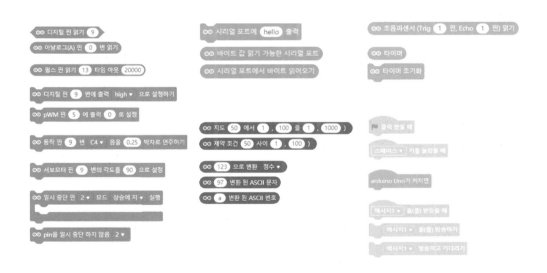

한글이 잘 적용된 엠블록의 아두이노 블록

⊘ 준비하기

필요한 준비물

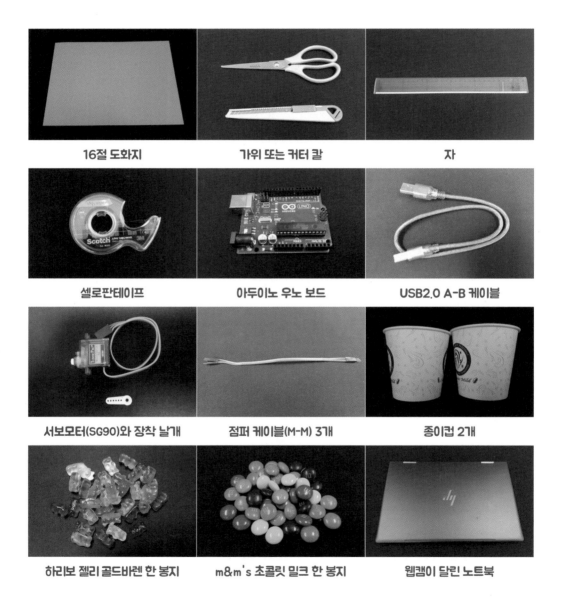

16절 도화지	가위 또는 커터 칼	자
셀로판테이프	아두이노 우노 보드	USB2.0 A-B 케이블
서보모터(SG90)와 장착 날개	점퍼 케이블(M-M) 3개	종이컵 2개
하리보 젤리 골드바렌 한 봉지	m&m's 초콜릿 밀크 한 봉지	웹캠이 달린 노트북

tip 16절 도화지는 8절 도화지를 반으로 잘라 사용하면 되며, 16절 도화지 대신 모조지(A4 사이즈, 180g 이상)를 사용할 수도 있습니다. 아두이노 우노 보드 대신 아두이노 우노 호환 보드도 사용 가능합니다.

Tiny Sorter 조립하기

1. 'Tiny Sorter 웹페이지(https://experiments.withgoogle.com/tiny-sorter/view)'에 접속하여 조립 설명서를 내려받습니다.

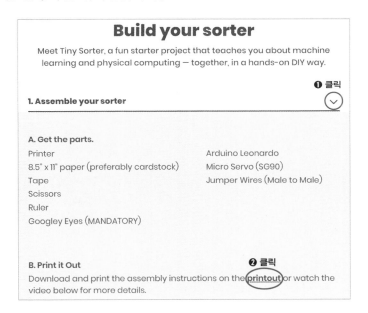

2. 조립 설명서는 총 2페이지로 이루어져 있습니다. 실제로 필요한 부분은 첫 번째 페이지이므로 해당 페이지만 인쇄하도록 설정합니다. 그리고 페이지 크기도 '실제 크기'로 설정합니다. 프린터에는 16절 도화지만 넣고 인쇄합니다.

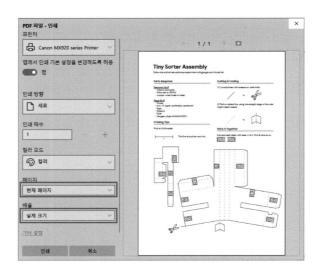

페이지의 아래와 오른쪽 부분의 인쇄가 조금 덜 되어도 Sorter를 조립할 수 있습니다.

3. 인쇄 후 도면의 실선을 따라 깔끔하게 잘라냅니다. 그리고 ⓒ 부분을 아래 그림을
참고하여 더 잘라냅니다.

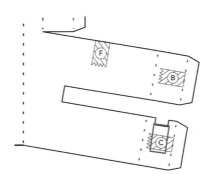

4. 점선을 따라 접을 때는 자를 이용하여 반듯하게 접습니다. 그리고 Ⓐ~Ⓕ 부분에 셀로판테이프를 붙여 Sorter의 두 부품을 조립합니다.

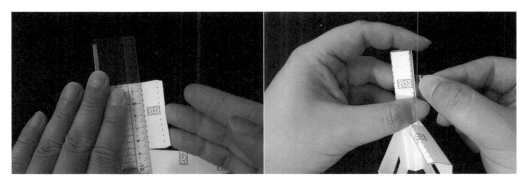

자를 이용하여 접기   **셀로판테이프로 붙여 조립하기**

5. 서보모터의 케이블을 Sorter 몸체 아래쪽으로 빼 줍니다. 그리고 Sorter 몸체와 서보모터를 셀로판테이프로 붙여 결합합니다.

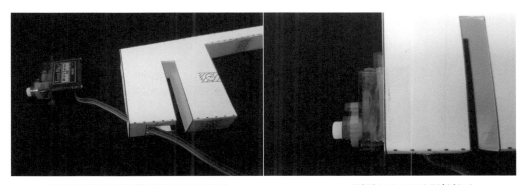

서보모터의 케이블을 아래쪽으로 빼기   **Sorter 몸체와 서보모터 결합하기**

6. Sorter 바구니 부분과 서보모터 장착 날개를 셀로판테이프로 붙여 결합합니다. 그리고 서보모터 장착 날개를 서보모터의 톱니바퀴에 장착합니다.

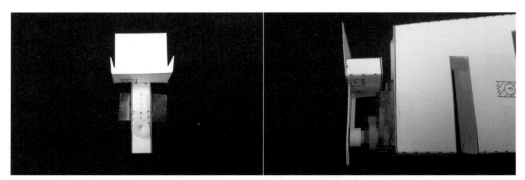

Sorter 바구니와 서보모터 장착 날개 결합   서보모터 장착 날개와 서보모터 결합

7. 서보모터의 케이블과 점퍼 케이블(M–M)을 연결합니다.

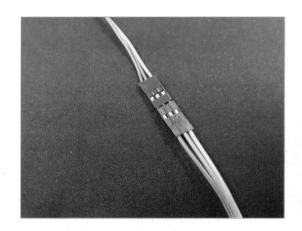

196

8. 서보모터의 노란색 케이블과 이어지는 점퍼 케이블은 아두이노 우노 보드 9번 핀에, 빨간색과 이어지는 케이블은 5V에, 갈색(또는 검정색)과 이어지는 케이블은 GND에 연결합니다.

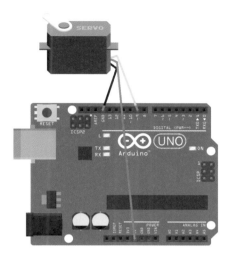

9. USB2.0 A−B 케이블을 이용하여 아두이노 우노 보드와 노트북을 연결합니다.

✅ 엠블록과 아두이노 연결하기

1. PC용 엠블록5를 실행합니다. 그리고 화면 왼쪽의 '장치' 탭에서 '추가' 버튼을 클릭합니다.

2. '장치 라이브러리'가 나타나면 'Arduino Uno'를 추가합니다.

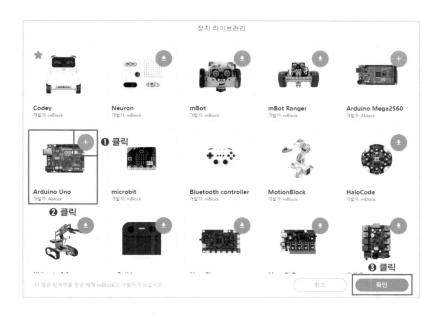

3. 화면 아래의 연결 버튼을 클릭하면 'USB'가 나타납니다. '접속 가능한 모든 기기 표시'에 체크한 후 '연결' 버튼을 클릭합니다. 아두이노가 연결되면 화면 상단에 연결 이 성공됐다는 표시가 뜹니다.

4. 아두이노가 연결되면 화면 아래 '설정'을 클릭한 후 '펌웨어 업데이트'를 클릭합니다. '장치 펌웨어 업데이트' 창이 나타나면 '업데이트'를 클릭하여 펌웨어 업데이트를 진행합니다. 업데이트 이후에는 아두이노가 분리되므로 다시 연결해야 합니다.

5. 서보모터가 잘 작동되는지 테스트해 봅시다. 먼저 모드 스위치를 '라이브'로 바꿉니다. 그리고 아래 그림처럼 블록을 코딩합니다.

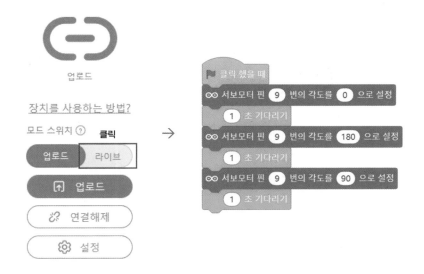

6. 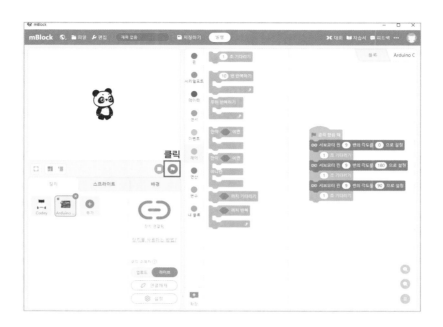을 클릭하여 서보모터가 움직이는지 확인합니다.

7. 테스트 후 Sorter 바구니가 12시 방향을 향하고 있지 않다면 서보모터 장착 날개를 분리하여 12시 방향으로 결합합니다. 그리고 노트북 웹캠 앞에 Tiny Sorter를 설치합니다.

Sorter 바구니의 올바른 방향   Tiny Sorter 설치하기

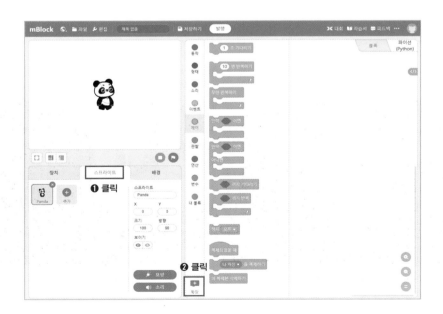

tip 서보모터의 각도 90°를 기준으로 좌우로 움직이기 때문에 바구니의 방향을 기준에 맞게 조정해 주는 것입니다.

✅ 첫 번째 프로젝트: 하리보 젤리를 분류하는 Tiny Sorter

첫 번째 프로젝트는 노란색 하리보 젤리와 빨간색 하리보 젤리 이미지를 머신러닝하여 조립한 Tiny Sorter를 통해 분류하는 프로젝트입니다.

모델 학습 및 평가하기

1. '기계학습' 확장 기능을 사용하면 학습 모델을 만들어 머신러닝과 관련된 새로운 블록을 사용할 수 있습니다. '장치' 탭에서는 '기계학습' 확장 기능 추가가 되지 않으므로, '스프라이트' 탭을 클릭하고 '확장' 버튼을 클릭합니다.

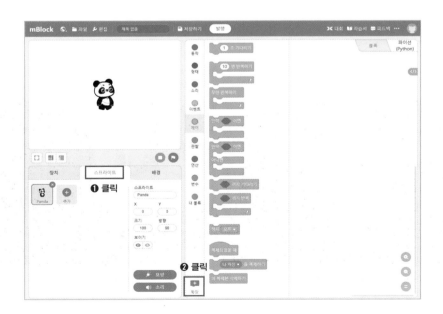

2. '확장 센터'가 나타나면 '기계학습'의 '추가' 버튼을 클릭합니다.

3. '학습 모델'을 클릭하여 모델 학습을 시작해 봅시다.

4. 화면 왼쪽 사각형 상자에서 웹캠 화면이 나타납니다. '전체 목록1'을 클릭하여 '노란색 젤리'로 작성합니다. 그리고 '전체 목록2'를 클릭하여 '빨간색 젤리'로 작성합니다. 마지막 '전체 목록3'은 '없음'으로 작성합니다.

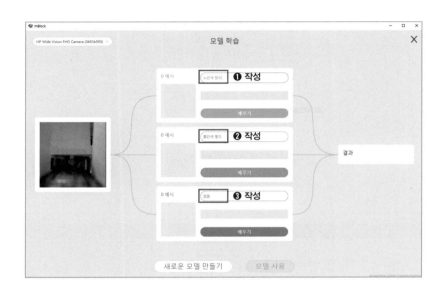

5. 웹캠의 화면을 확인하여 Sorter 바구니 안이 잘 보이게 Sorter의 위치를 조절합니다. 그리고 노란색 젤리를 바구니에 올리고 '배우기' 버튼을 클릭합니다. 바구니 안의 노란색 젤리 위치를 다양하게 옮기며 10개의 예시를 만듭니다.

tip 만약 웹캠 화면에서 젤리가 서보모터에 가려 잘 보이지 않는다면 Sorter 바구니를 서보모터 장착 날개에서 분리하여 높이를 조절한 후 다시 결합합니다.

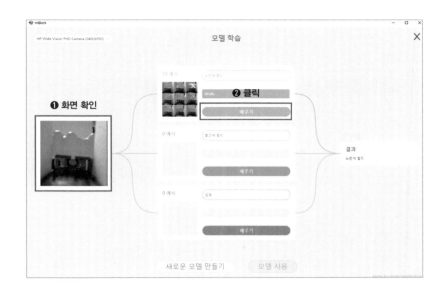

6. 빨간색 젤리도 10개의 예시를 만듭니다. 마지막으로 빈 상태의 바구니도 10개의 예시를 만듭니다. 여기까지 끝나면 '모델 사용'을 클릭하여 모델 학습을 마칩니다.

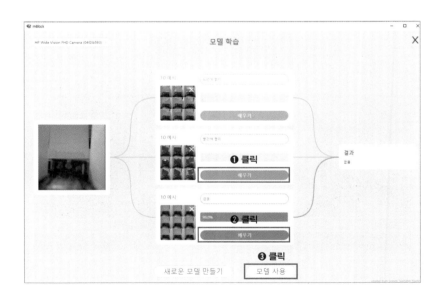

7. 모델 학습이 잘되었는지 테스트해 봅시다. '인식 창 열기'를 클릭합니다.

8. 웹캠 화면과 인식 결과를 알 수 있는 창이 나타납니다. 노란색 젤리와 빨간색 젤리, 바구니가 빈 상태를 잘 인식하는지 확인합니다.

노란색 젤리 인식 테스트

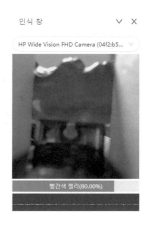

빨간색 젤리 인식 테스트

tip 만약 인식 결과가 좋지 않다면 다시 '학습 모델'을 클릭하여 예시를 더 만들도록 합니다.

프로그래밍하기

1. 블록 코딩을 하기 전 Tiny Sorter를 이용하여 노란색 젤리와 빨간색 젤리를 분류하는 절차를 살펴봅시다.

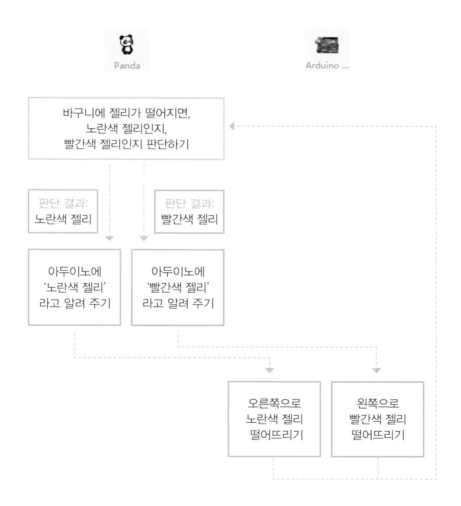

2. '스프라이트' 탭의  에 아래 그림처럼 블록을 코딩합니다.

바구니 안에 있는 것이 '노란색 젤리'로 인식되면 아두이노에 '노란색 젤리'라고 알려 줍니다. 빨간색 젤리도 마찬가지이며, '없음'의 경우는 판단하지 않고 무시하도록 합니다. 2초를 기다리는 까닭은 아두이노가 인식 결과를 전달받아 서보모터가 움직이는 시간이 필요하기 때문입니다.

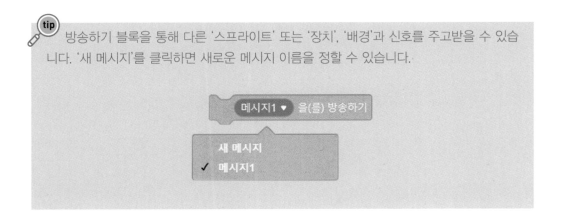

tip 방송하기 블록을 통해 다른 '스프라이트' 또는 '장치', '배경'과 신호를 주고받을 수 있습니다. '새 메시지'를 클릭하면 새로운 메시지 이름을 정할 수 있습니다.

3. '장치' 탭의 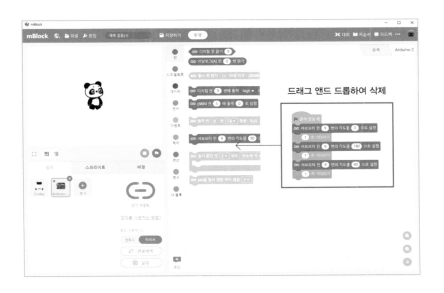 를 클릭합니다. 이전에 서보모터 테스트를 위해 작성했던 블록은 삭제합니다.

4. 4-1 , 4-2 그림처럼 블록을 코딩합니다.

4-1

'노란색 젤리' 메시지를 받으면 서보모터를 움직여 오른쪽으로 분류합니다.

움직인 다음에는 '1초 기다리기'를 통해 젤리가 떨어지는 시간을 기다립니다.

분류 후 바구니의 방향을 원래대로 합니다.

4-2

'빨간색 젤리' 메시지를 받으면 서보모터를 움직여 왼쪽으로 분류합니다.

작동하기

1. 젤리가 떨어지는 양쪽에 종이컵 2개를 놓습니다.

2. ⬛을 클릭하여 Tiny Sorter를 작동시킵니다. 그리고 결과를 확인해 봅시다.

tip 만약 젤리가 떨어지면서 노트북 화면이나 서보모터 케이블에 걸려 종이컵에 제대로 떨어지지 않는다면 노트북 화면을 앞으로 더 숙입니다.

✅ 두 번째 프로젝트: m&m's 초콜릿을 분류하는 Tiny Sorter

두 번째 프로젝트는 파란색 m&m's 초콜릿과 노란색 m&m's 초콜릿 이미지를 머신러닝하여 조립한 Tiny Sorter를 통해 분류하는 프로젝트입니다.

모델 학습 및 평가하기

1. 첫 번째 프로젝트를 컴퓨터에 저장한 후 '새로 만들기'를 클릭합니다.

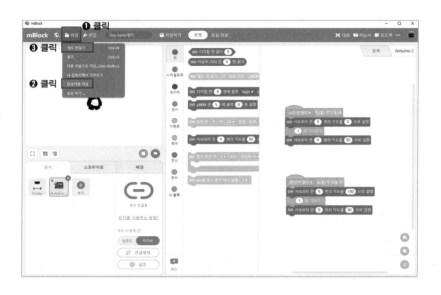

2. '장치' 탭에서 '추가' 버튼을 클릭하여 'Arduino Uno'를 추가합니다. 그리고 아두이노를 연결한 후 모드 스위치를 '라이브'로 변경합니다. 여기까지 끝나면 그림과 같은 상태가 됩니다. 첫 번째 프로젝트 이전에 했던 펌웨어 업데이트와 서보모터 테스트는 생략하도록 하겠습니다.

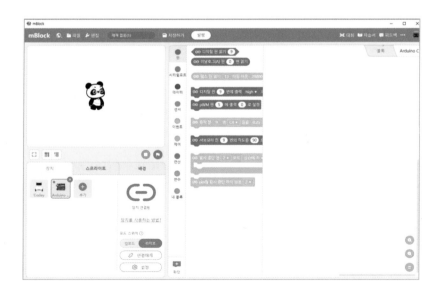

3. '스프라이트' 탭을 클릭합니다. '기계학습' 확장 기능은 이미 추가되어 있으므로 '학습 모델'을 클릭하여 모델 학습을 시작해 봅시다.

4. '새로운 모델 만들기'를 클릭하여 첫 번째 프로젝트에 사용했던 학습 모델을 삭제합니다.

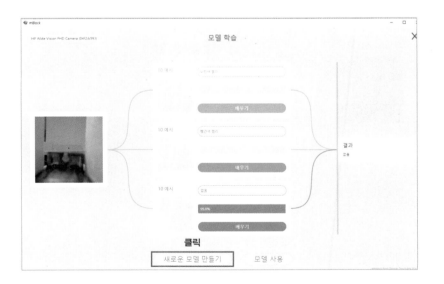

5. '새로운 모델 만들기'가 나오면 '확인' 버튼을 클릭합니다.

새로운 모델 만들기   ✕

모델 카테고리의 수:

〇───────────────   3

클릭

취소   **확인**

6. '전체 목록1'을 클릭하여 '파란색 초콜릿'으로 작성합니다. 그리고 '전체 목록2'는 '노란색 초콜릿'으로 작성합니다. 마지막 '전체 목록3'은 '없음'으로 작성합니다.

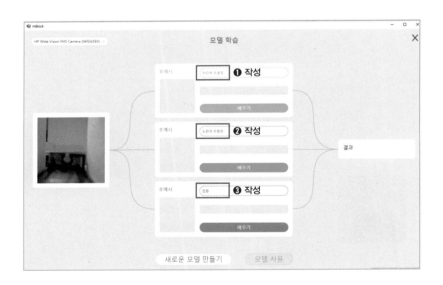

7. 파란색 초콜릿을 바구니에 올리고 '배우기' 버튼을 클릭합니다. 바구니 안의 파란색 초콜릿 위치를 다양하게 옮기며 10개의 예시를 만듭니다.

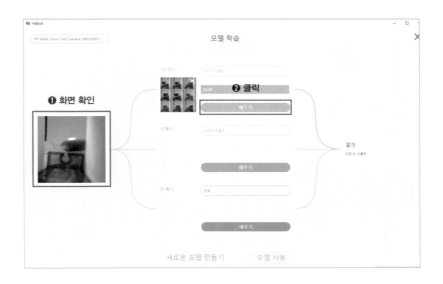

8. 노란색 초콜릿도 10개의 예시를 만듭니다. 마지막으로 빈 상태의 바구니도 10개의 예시를 만듭니다. 여기까지 끝나면 '모델 사용'을 클릭하여 모델 학습을 마칩니다.

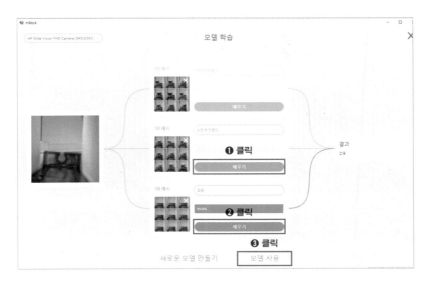

9. 모델 학습이 잘되었는지 테스트해 봅시다. '인식 창 열기'를 클릭합니다.

10. 웹캠 화면과 인식 결과를 알 수 있는 창이 나타납니다. 파란색 초콜릿과 노란색 초콜릿, 바구니가 빈 상태를 잘 인식하는지 확인합니다.

파란색 초콜릿 인식 테스트

노란색 초콜릿 인식 테스트

프로그래밍하기

1. 블록 코딩을 하기 전 Tiny Sorter를 이용하여 파란색 초콜릿과 노란색 초콜릿을 분류하는 절차를 살펴봅시다.

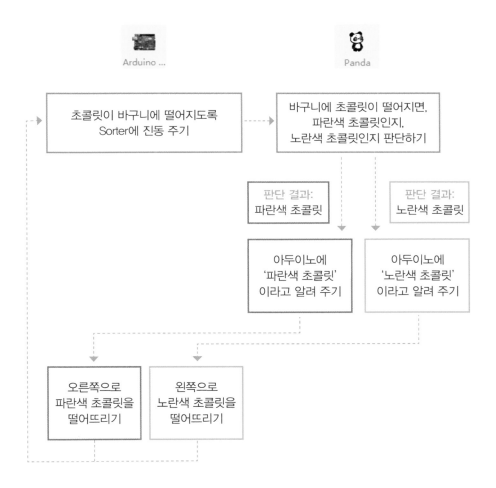

2. '장치' 탭의  를 클릭합니다. 그리고 아래 그림처럼 블록을 코딩합니다.

서보모터 장착 날개가 좌우로 계속 움직이며 진동을 발생시킵니다. 움직이는 각도는 90˚±15˚입니다. 이보다 더 크면 진동은 더 세지나 초콜릿이 바구니 안으로 떨어지지 못하고 튕겨 나갈 확률이 높습니다.

3. '스프라이트' 탭의 ⬛ 를 클릭하여 아래 그림처럼 블록을 코딩합니다.

파란색 초콜릿이 바구니 안으로 떨어져 파란색 초콜릿으로 판단하면 '방송하기' 블록을 통해 아두이노에게 파란색 초콜릿이라고 알려 줍니다. 노란색 초콜릿도 마찬가지이며, '없음'의 경우에는 판단하지 않고 무시합니다. 1초 기다리는 까닭은 아두이노가 인식 결과를 전달받아 서보모터가 움직이는 시간이 필요하기 때문입니다.

4. 다시 '장치' 탭의 🖥 를 클릭합니다. 그리고 4-1 , 4-2 그림처럼 블록을 코딩합니다.

4-1

메시지를 받는 블록은 시작 블록이기 때문에 다른 블록 밑에 붙일 수가 없습니다. 따라서 변수를 설정하여 변수에 따라 서보모터가 움직이도록 합니다. 각 초콜릿의 방송 신호를 받으면 해당하는 초콜릿 변수는 '0'에서 '1'로 바뀝니다.

처음에 만들었던 블록 아래에 추가하여 작성합니다. 아래에 추가하는 까닭은 서보모터가 초콜릿을 분류할 때 진동을 발생시키기 위해 서보모터 장착 날개가 좌우로 움직이는 것을 멈추게 하기 위해서입니다. 각 초콜릿에 해당하는 변수가 '1'이 되었는가에 따라 서보모터가 오른쪽 또는 왼쪽으로 움직이도록 합니다. 초콜릿 분류 후 해당 초콜릿 변수를 '0'으로 설정하여 다음 메시지를 기다립니다.

작동하기

1. 초콜릿이 떨어지는 양쪽에 종이컵 2개를 놓습니다. 그리고 Sorter 몸체 위에 파란색과 노란색 초콜릿을 올립니다.

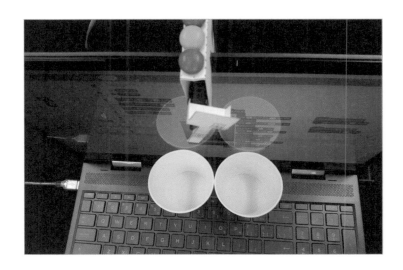

2. 을 클릭하여 Tiny Sorter를 작동시킵니다. 그리고 결과를 확인해 봅시다.

이렇게 엠블록과 아두이노를 통해 간단한 AI 로봇인 Tiny Sorter를 만들어 보았습니다. 젤리와 초콜릿뿐만 아니라 Sorter의 바구니 안에 담길 만한 다른 것을 이용하여 Tiny Sorter를 작동시킬 수도 있습니다. 또는 여러 가지 재미있는 기능을 추가할 수도 있습니다. 엠블록과 아두이노뿐만 아니라 머신러닝을 지원하는 블록 코딩 프로그램과 여러 가지 피지컬 컴퓨팅 도구를 이용하여 다양한 AI 로봇을 만들어 봅시다!

◎ 한 걸음 더

두 번째 프로젝트에서 초록색, 갈색, 빨간색, 오렌지색 초콜릿을 추가하여 파란색과 초록색, 갈색 초콜릿은 오른쪽으로 분류하고, 노란색과 빨간색, 오렌지색 초콜릿은 왼쪽으로 분류하도록 만들어 보세요.

Panda	
Arduino ...	

AI

반려로봇

반려동물과 함께 생활하면 정서적 애착이 생겨 삶의 질이 좋아집니다. 하지만 반려동물을 홀로 돌보기에는 현실적으로 어려움이 많습니다. 톰봇Tombot은 골든리트리버를 닮은 귀여운 반려로봇으로 꼬리를 흔들거나 반응하고 강아지 소리를 내기도 합니다. 이 반려로봇은 크라우드 펀딩 사이트에서 자금을 모아 2020년에 구매자들에게 배송될 예정입니다.

실제 강아지 모양과는 조금 다르지만 꼬리를 흔들며 짖고 사람의 지시에 따라 행동하는 강아지 로봇도 있습니다. 2018년 소니에서 출시한 신형 아이보Aibo입니다. 사실 아이보는 1999년 처음 세상에 나왔지만 정해진 동작만 반복하여 사람과 교감을 나누기엔 부족함이 많았습니다. 인공지능을 탑재한 신형 아이보는 스스로 공간을 파악할 수 있고 주인이 누군지 알아볼 수 있습니다. 비싼 금액이지만 예약판매가 완료되었고 세계적으로 주목을 받고 있습니다.

환경을 파악해 스스로 판단하는 로봇은 어떨까요? 삼성전자에서는 반려로봇 볼리Ballie를 공개했습니다. 볼리는 공 모양의 로봇으로 카메라와 음성 인식 기능을 갖추고 있습니다. 원격으로 집 안을 보여 주는 CCTV 기능도 있고 사람의 명령에 따라 행동하기도 합니다. 그보다 더

놀라운 건 스스로 판단할 수 있다는 점입니다. 거실이 지저분하면 로봇 청소기에게 청소를 시키고 공기 정화를 합니다. 아침이 되면 그 날의 날씨를 확인해주고 혼자 남겨진 강아지와 놀아주기도 합니다.

앞으로 반려로봇은 더욱더 발전할 것입니다. 반려동물을 대신하여 반려로봇이 우리 생활에 들어오면 어떨지 생각해 보세요. 일본에서는 반려 로봇의 장례를 치르기도 합니다. 여러분들도 더 이상 AS가 되지 않는 반려로봇을 떠나 보내며 눈물 흘리고 장례를 치르는 상상을 한 번 해 보세요.

다양한 반려로봇

톰봇(Tombot)

아이보(AIBO)

볼리(Ballie)

한 걸음 더 탐구

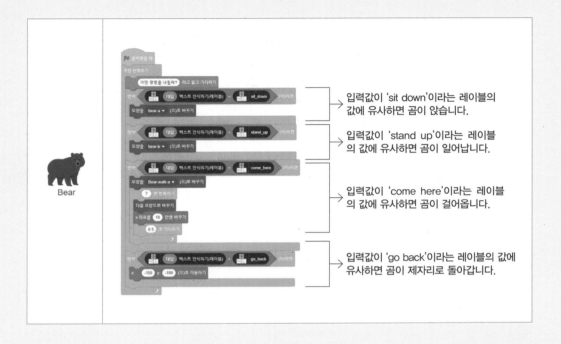

입력값이 'sit down'이라는 레이블의 값에 유사하면 곰이 앉습니다.

입력값이 'stand up'이라는 레이블의 값에 유사하면 곰이 일어납니다.

입력값이 'come here'이라는 레이블의 값에 유사하면 곰이 걸어옵니다.

입력값이 'go back'이라는 레이블의 값에 유사하면 곰이 제자리로 돌아갑니다.

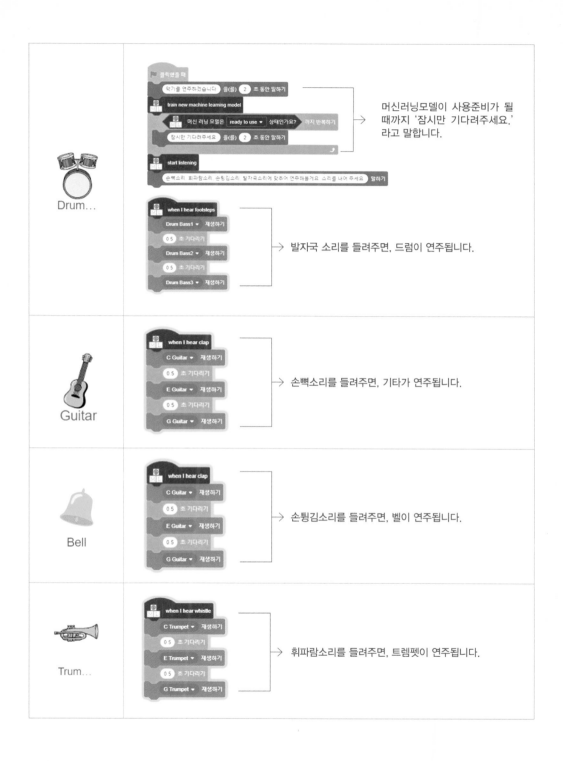

Drum...

머신러닝모델이 사용준비가 될 때까지 '잠시만 기다려주세요.' 라고 말합니다.

→ 발자국 소리를 들려주면, 드럼이 연주됩니다.

Guitar

→ 손뼉소리를 들려주면, 기타가 연주됩니다.

Bell

→ 손튕김소리를 들려주면, 벨이 연주됩니다.

Trum...

→ 휘파람소리를 들려주면, 트렘펫이 연주됩니다.

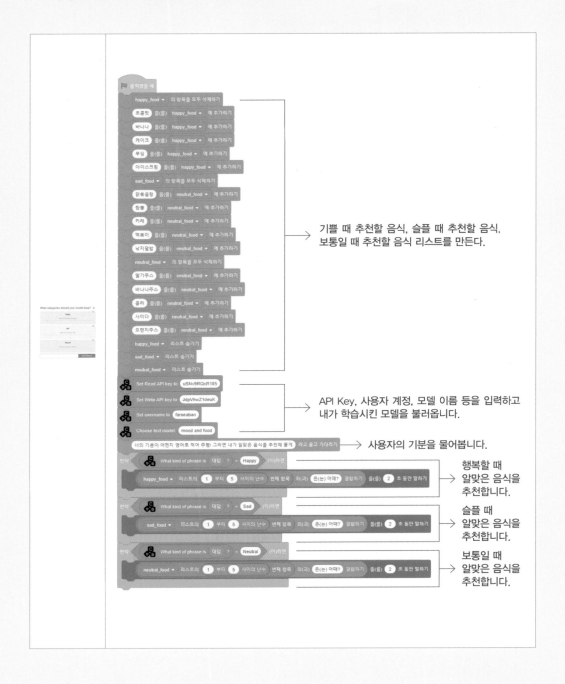

기쁠 때 추천할 음식, 슬플 때 추천할 음식,
보통일 때 추천할 음식 리스트를 만든다.

API Key, 사용자 계정, 모델 이름 등을 입력하고
내가 학습시킨 모델을 불러옵니다.

사용자의 기분을 물어봅니다.

행복할 때
알맞은 음식을
추천합니다.

슬플 때
알맞은 음식을
추천합니다.

보통일 때
알맞은 음식을
추천합니다.